新农民法律维权实务读本

农村

常见经济纠纷

案例解析

石 磊 刘国辉 编著

WUHAN UNIVERSITY PRESS
武汉大学出版社

图书在版编目(CIP)数据

农村常见经济纠纷案例解析/石磊,刘国辉编著.—武汉:武汉大学出版社,2015.2(2017.9重印)
新农民法律维权实务读本
ISBN 978-7-307-12507-0

Ⅰ.农… Ⅱ.①石… ②刘… Ⅲ.农村—经济纠纷—案例—中国 Ⅳ.D922.290.5

中国版本图书馆 CIP 数据核字(2015)第 006959 号

封面图片为上海富昱特授权使用(ⓒ IMAGEMORE Co.,Ltd.)

责任编辑:聂勇军   责任校对:汪欣怡   版式设计:马 佳

出版发行:**武汉大学出版社** (430072 武昌 珞珈山)
(电子邮件:cbs22@whu.edu.cn 网址:www.wdp.com.cn)
印刷:湖北省荆州市今印印务有限公司
开本:720×1000 1/16 印张:8.5 字数:88千字
版次:2015年2月第1版 2017年9月第13次印刷
ISBN 978-7-307-12507-0 定价:15.00元

前　言

　　随着依法治国理念的不断深入，城里人的法律意识越来越强，维权意识也有了明显的提高。但是，在农村，无论是法律意识还是维权意识都亟待提高。农民朋友受到什么委屈或者不公正待遇时，或者逆来顺受、打落牙齿往肚吞，或者家族成员齐上阵，靠拳头解决。由于不懂得拿起法律武器或者诉诸执法部门，往往使本来很简单的纠纷复杂化，进而引发极端事件，影响社会稳定和安全。

　　遇到纠纷时农民朋友不愿用法律武器进行解决，原因其实很简单：一是农民朋友法律意识淡薄，不懂法，二是农民朋友不舍得花告状的钱，三是走司法途径往往手续比较烦琐和麻烦，时间上耗不起，四是农民朋友对法院不了解，觉得它高高在上，同时也不信任政府机关能公正执法。

　　此外，受商品经济大潮的影响，近年来农村青壮年劳力大批外出打工，农民工在我国现代化建设中起着非常重要的作用，维护农民工的合法权益成为当今社会的一个重要问题。国家和地方政府对农民工维权工作做出了一系列的规定，但由于法律监督机制不够完善，在农民工法律知识及有关专业知识普遍欠缺的情况下，农民工的权利很难得到有效保障。

正是基于此，根据当前实际，结合农民朋友的现状，我们特编辑出版了此套丛书。本套丛书不是枯燥地讲解法律原文，而是结合媒体上的种种案例，选取农民朋友身边经常遇到的问题，以案说法，用案例解释相关的法律规定，并对案例做出了具有针对性的分析，通过拉家常式的语气，提高农民朋友的法律知识及维权意识。本书独具一格，灵活而又实用，希望能成为农民朋友的良师益友。

农民朋友的法律维权实务永远在路上。不可否认，目前对农民朋友的偏见、歧视依然大量存在，各种侵权行为仍会大量发生，我们衷心希望农民朋友们能够多学法、多用法、多信法，对各种侵权行为，对损害自己利益的行为，勇敢地站起来说"不"，从而维护整个社会的诚信体系，维护整个社会的法制环境。

作　者

2015 年 1 月

目　录

第一章
经济纠纷及其解决常识

1. 什么是经济纠纷？经济纠纷发生后应通过何种方法解决？

经济纠纷就是指市场主体，即企业、公民个人及其他社会组织在从事各种经济活动中，因合同、侵权等而相互间发生的经济争议。

在我国市场经济运行的过程中，市场主体间发生经济纠纷是不可避免的，也是正常的。

我国相关的法律、法规都规定了经济纠纷的解决方法，如我国于 1999 年 10 月 1 日正式实施的《中华人民共和国合同法》第 128 条规定，解决合同纠纷的方法有四种：和解、调解、仲裁和诉讼。《全民所有制工业企业承包经营责任制暂行条例》第 21 条规定：承包双方发生纠纷应当协商解决，协商不成的可以根据合同约定向工商行政机关申请仲裁；也可以根据合同约定直接向人民法院起诉。对仲裁机关的裁决不服的，可在接到裁决书之日起 10 日内向上一级工商机关申请复议，上级仲裁机关的复议仲裁为终局裁决。

我国的《土地管理法》规定对于土地所有权或使用权发生争议的可以协商解决，协商不成的可由乡级人民政府或县级人民政府处理，不服的可以向人民法院起诉。法律、法规对经济纠纷的解决规定了解决方法的，应依照规定解决纠纷，没有规定的可以和解、调解、仲裁或诉讼等方法解决。

2. 什么是和解？以和解的方法解决经济纠纷的优点有哪些？

和解是一种当事人自行协商解决纠纷的一种方法。《中华人民共和国合同法》第 128 条第 1 款规定："当事人可以通过和解或者调解解决合同争议。"我国的其他经济法律规范也有类似的规定。在经济纠纷发生后，双方当事人首先应在自愿和平等的基础上，通过友好协商解决彼此间的争议。实践证明，如果双方都从合作、解决问题的愿望出发，以双方签订的合同或其他事实作为根据，以国家的法律为尺度，本着分清责任、互谅互让的态度，就能提出一个公平合理、双方都能接受的解决争议的办法，即双方自愿达成和解协议。

和解这种解决经济纠纷的方法有很多优点。首先，这种方法简便易行，因为这种方法只需纠纷的双方能本着解决纠纷的态度、互谅互让的心态坐在一起进行协商；其次，这种方法省时间、省费用，它不需像诉讼或仲裁方法那样要缴纳费用，也不需花时间上庭；最后，有利于维护纠纷双方已有的合作关系，不伤害双方的感情，有利于双方今后的合作。

3. 什么是仲裁？什么条件下可以通过仲裁的方法解决经济纠纷？

《中华人民共和国合同法》第 128 条第 2 款规定："当事人不愿和解、调解或者和解、调解不成的，可以根据仲裁协议向仲裁机构申请仲裁……"

仲裁也叫公断，指发生纠纷后或者纠纷发生前，当事人自愿商定，将经济争议交由仲裁机构居中进行裁决，双方当事人各自承担由裁决所确定的义务，使争议得以解决的一种方法。我国于 1994 年 8 月通过了《中华人民共和国仲裁法》，并于 1995 年 9 月 1 日起正式施行，这是仲裁这种解决争议的方法的主要法律依据。仲裁这种解决争议的方法与和解、调解的最大不同是具有强制性，即仲裁机构做出的裁决同法院的判决或裁定一样具有法律效力，当事人应履行裁决，否则人民法院可根据当事人的申请强制执行。

仲裁与诉讼相比其最大的不同是仲裁体现了纠纷双方的自愿性，即双方经协商一致自愿选择这种解决纠纷的方法。其表现就是在合同中订有仲裁条款，或者在合同之外独立订立仲裁协议。仲裁条款或仲裁协议是仲裁机构受理案件的依据，没有仲裁条款或仲裁协议，仲裁机构就不能受理，双方的纠纷就不能通过仲裁解决，只能通过诉讼的方法。因此，只有具备了双方订有仲裁条款或仲裁协议且其纠纷又属于仲裁机构受理范围内的条件才能通过仲裁的方法解决纠纷。

4. 一方当事人对仲裁机构的裁决不服，能否向人民法院起诉？

仲裁采取的是一裁终局制度，即裁决做出后立即生效，裁决书自做出之日起产生法律效力。当事人就同一纠纷既不能向仲裁机构申请再仲裁，也不能向人民法院起诉。但是裁决被人民法院依法裁定撤销或不予执行的，当事人可以根据双方重新达成的仲裁协议申请仲裁，也可以向人民法院起诉。

纠纷的当事人应依裁决书自动履行义务，若一方拒不履行，另一方可以向人民法院申请强制执行。但当事人应在法律规定的期间申请执行。双方或一方当事人是公民的，为1年；双方或多方是法人或其他组织的，为6个月。无正当理由逾期提出执行申请的，人民法院可以驳回申请，不予执行。

5. 什么是诉讼？诉讼与仲裁作为解决经济纠纷的两种方法有何不同之处？

诉讼作为解决经济纠纷的一种方法，是指人民法院为了解决当事人之间的纠纷，在当事人和其他诉讼参与人的参加下依法进行的审理和裁判经济案件的活动。

人民法院依法进行的诉讼与仲裁机构的仲裁都是解决经济纠纷的方法，但是两者之间有许多的不同：首先，人民法院通过诉讼对案件的审理的权力是法律的授权，而仲裁机构对案件的仲裁权则来自纠纷当事人的授权。即法院对案件的审理和裁判不需经纠纷双方当事人的协商选择，只需有一方向人民法院提起诉讼即可决定是否受理；而仲裁机构必须在纠纷双方当事人达成仲裁协议，双方自愿选择了仲裁的情况下才能决定是否受理纠纷。其次，人民法院自行组成审判庭审理案件，而仲裁机构仲裁庭则由当事人自行选定仲裁员组成。再次，人民法院依据我国的《民事诉讼法》审理案件，而仲裁机构主要依据我国的《中华人民共和国仲裁法》仲裁案件。最后，人民法院实行两审终审制，当事人不服一审判决或裁定的，可以向上一级人民法院上诉；而仲裁实行一裁终局制，裁决做出之日起就生效，当事人不得就同一纠纷再申请仲裁或向人民法院起诉。

人民法院处理经济案件适用我国《民事诉讼法》规定的民事诉讼程序。

6. 一方提起诉讼，法院在审理过程中能否和解?

和解这种解决纠纷的方法虽然是以纠纷双方的自愿为基础，但是也以选择这种方法的时间和合法性为前提。在纠纷双方未提起仲裁或诉讼之前，只要和解的内容不违反法律规定，不损害社会的公共利益及国家、集体、他人的利益，在双方自愿的基础上达成即有效。但如果在一方提起诉讼或仲裁并被受理之后，则应根据受理案件的人民法院或仲裁机构的裁定或裁决而定。一般在开庭审理前允许双方和解。

由我国最高人民法院审判委员会通过的《第一审经济纠纷案件适用普通程序开庭审理的若干规定》中规定："在双方当事人自愿的条件下，合议庭可以在开庭审理前让双方当事人及其诉讼代理人自行协商解决。当事人和解，原告申请撤诉，或者双方当事人要求发给调解书的，经审查认为不违反法律规定，不损害第三人利益的，可以裁定准予撤诉，或者按照双方当事人达成的和解协议制作调解书发给当事人。"

在开庭后，法庭做出判决之前，双方自愿和解，一方申请撤诉的，人民法院或仲裁机构视案情情况确定是否准予撤诉。当事人在撤诉后，达不成和解协议的，或者达成和解协议又反悔的，当事人就同一诉讼请求再次起诉或提起仲裁申请的，人民法院或仲裁机构应予受理。

7. 什么是调解，调解与仲裁、诉讼有何不同？

调解，作为民事纠纷解决机制的一种，是指第三者依据一定的社会规范（包括习惯、道德、法律等规范），在纠纷主体之间沟通信息，摆事实明道理，促成纠纷主体相互谅解、妥协，从而达成最终解决纠纷的合意。它具有意思自治性、非严格的规范性等特点。调解可分为诉讼内调解和诉讼外调解。

调解与仲裁、诉讼有所不同。首先，三者各具特征，在民事纠纷的解决中发挥各自的作用，利弊互补，纠纷主体可以依据自身利益的需要选择相应的纠纷解决机制。调解体现出纠纷主体自我解决纠纷的社会整合能力，避免因纠纷而引发过大的社会震荡，而且因其合意性，非严格的规范性，较诉讼更为简便迅捷，更有利于纠纷的彻底解决和预防。而仲裁则比调解具有更高的权威性，并且其公正性和彻底性更受到制度上的保障，纠纷主体拥有高度意思自治和充分的程序主体权，且程序简便，方式灵活，仲裁成本低，更多地体现了法的效益价值。诉讼则依据严格的规范性和国家强制力在最大程度上维护了纠纷双方的平等，保障和实现了纠纷主体的权利，从而使纠纷能够得到最终解决，体现了法的公平价值。

其次，三者在现代社会中平等地发挥各自的作用，并不因在诉讼中国家审判权的行使和其所具有的国家强制力而高贵，也不因调解和仲裁具有民间性而显卑微，相反，由于近年来，经济社会的发展、人们法律意识的增强、社会关系的进一步复杂化，造成大量诉讼的出现，使得诉讼不堪重负，严重影响了诉讼的公正性和效率性，而诉讼以外的纠纷解决机制，由于简便、迅速又价格低廉，成为人们解决纠纷的重要选择，而调解和仲裁就是其中的典型。

8. 人民法院受理哪些经济案件？

我国的人民法院分为普通和专门两种，其受理范围有所不同。普通人民法院依《法院组织法》的规定，均设立了经济审判庭，专门审理经济案件，其受案范围包括下列几类案件：各类合同纠纷案；企业承包和租赁经营合同纠纷案件；农村承包合同纠纷案件；涉外经济纠纷案件；涉港澳台胞的经济纠纷案件；经济损害赔偿纠纷案件；知识产权纠纷案件；企业破产纠纷案件；股票、债券、票据纠纷案件以及其他经济纠纷案件。

铁路法院是我国的专门人民法院，分为铁路运输基层法院和中级法院，分别在各个铁路分局和铁路局所在地设立。依据 1990 年 6 月 16 日最高人民法院《关于铁路运输法院对经济案件管辖范围的规定》的规定，下列经济案件由铁路法院受理：铁路货物运输合同纠纷案件；铁路旅客和行李、包裹运输合同纠纷案件；铁路货物运输保险合同纠纷案件；代办托运、仓储保管、接取送达等铁路运输延伸服务合同纠纷案件；铁路在装卸作业、线路维修等方面发生的委托劳务合同纠纷案件等。

海事法院是专门人民法院，主要受理因海事而发生的经济纠纷案件。

若双方是因铁路货物运输合同而发生的纠纷，依法应属于铁路法院受案范围。若合同双方当事人选择以诉讼方式解决纠纷，就应到运输所在地的铁路法院提起诉讼，铁路法院依法应受理该案件。

9. 当事人对一审法院的判决或裁定不服的，可采取什么办法？

我国《民事诉讼法》规定，我国的审判制度采取两审终审制，当事人不服一审法院的判决或裁定的，可以向一审法院的上一级人民法院提起上诉。但是当事人必须自收到判决书之日起15日、收到裁定书之日起10日内提起上诉。上诉状应向原审法院提出，也可以向上诉法院提出。原审人民法院收到上诉状后，应在5日内将上诉状副本送达对方当事人，即被上诉人。被上诉人应在收到上诉状副本5日内提出答辩状及副本。原审法院应在收到上诉状和答辩状后5日内连同全部案卷和证据报送上一级人民法院。

二审法院对上诉案件应组成合议庭，开庭审理，经核查认为不需开庭的，也可以经书面审理后，做出判决或裁定。

二审法院经审理作如下判决：

（1）原判决认定事实清楚，适用法律正确，裁决驳回上诉，维持原判；

（2）原判决认定事实清楚，适用法律错误，依法改判；

（3）原判决认定事实错误，或者原判决认定事实不清，证据不足的，裁定撤销原判决，发回原审人民法院重审，或者查清事实后改判；

（4）原判决违反法定程序，可能影响案件正确判决的，裁定撤销原判决，发回原审人民法院重审。

发回重审的，重审后做出的判决、裁定，当事人仍可以上诉，但二审法院判决维持原判的，或依法改判的，判决书送达之日，就是判决生效之日，是终审判决。

第二章
农村常见经济纠纷案例解析

1. 女方退婚，男方能讨回"彩礼"吗?

男女订婚后往往会产生一些财产纠纷，从农村来看，这些财产纠纷主要包括：一是按婚俗男方送给女方的"彩礼"。二是男方为了增进感情，自愿赠与女方的礼品。三是女方借订婚向男方索要的财物。四是因订婚及维系婚约男方的财产消耗。根据《中华人民共和国婚姻法》(以下简称《婚姻法》)的规定，对以订婚为名索要财物的，必须坚决纠正，对因此而取得的财物应依法没收，并可对有关当事人酌情予以处罚。按当地婚俗男方给女方送的"彩礼"，如果数额较大的，原则上女方应当返还，因为总不能因为女方收了"彩礼"，就不能退婚，或者不退"彩礼"就不能退婚。既然法律允许女方退婚，当然也应当责令其退还"彩礼"。如果是男方的自愿赠与，则不得要求女方返还。因为男方把赠物送给女方，是出自本人自愿，女方接受了物品，物品的所有权与处理权就转给了女方，男方对赠与物已不再享有所有权和处理权，因此也就不应该要求女方返还财物。至于因订婚及维系婚约而导致的财产消耗，原则上不予补偿。

2. 工伤赔偿金可以作为夫妻共同财产分割吗？

2010 年某村王某与元某结婚，结婚后王某在煤矿工作，月工资 4500 余元。2011 年，王某因在煤矿受伤，被鉴定为七级伤残，获得工伤赔偿金 22 万元，这笔赔偿金由王某妻子元某代为保管，部分用于了家庭生活开支。2012 年 8 月，王某与元某因感情不和，元某向法院提出诉讼，要求与王某离婚，并提出将 22 万元工伤赔偿金作为夫妻共同财产进行分割。王某则认为工伤赔偿金是其个人财产，不能进行分割。那么工伤赔偿金是否属于夫妻共同财产呢？

根据《婚姻法》第 18 条规定，有下列情形之一的，为夫妻一方的个人财产：①一方的婚前财产；②一方因身体受到伤害获得的医疗费、残疾人生活补助费等费用。因此，王某因工伤获得的 22 万元工伤赔偿金是因身体意外伤残而获得的赔偿费，具有一定的人身专属性和依附性，应归伤残者王某本人所有，必须"专款专赔"，他人不得截留、分享，王某妻子要求将 22 万元残疾赔偿金作为夫妻共同财产平均分割的要求与法律相悖，得不到人民法院支持。

综上所述，工伤赔偿金是个人财产而非夫妻共同财产。

那么，哪些是夫妻共同财产？哪些是个人财产？

《婚姻法》第17条对夫妻在婚姻关系存续期间所得的、应归夫妻共同所有的财产范围做出了规定，即夫妻在婚姻关系存续期间所得的下列财产归夫妻共同所有：

(1)工资、奖金，指在夫妻关系存续期间一方或双方的工资、奖金收入及各种福利性政策性收入、补贴。

(2)生产、经营的收益，指的是在夫妻关系存续期间，夫妻一方或双方从事生产、经营的收益。

(3)知识产权的收益，指的是在夫妻关系存续期间，夫妻一方或双方拥有的知识产权的收益。

(4)继承或赠与所得的财产，是指在夫妻关系存续期间一方或双方因继承遗产和接受赠与所得的财产。对于继承遗产的所得，指的是财产权利的取得，而不是对财产的实际占有。即使婚姻关系终止前并未实际占有，但只要继承发生在夫妻关系存续期间，所继承的财产也是夫妻共同财产，但本法第18条第3项规定的除外。

(5)其他应当归共同所有的财产。

第18条对应为夫妻一方的财产范围作了规定。即有下列情形之一的，为夫妻一方的财产：

(1)一方的婚前财产；

(2)一方因身体受到伤害获得的医疗费、残疾人生活补助费等费用；

(3)遗嘱或赠与合同中确定只归夫或妻一方的财产；

(4)一方专用的生活用品；

(5)其他应当归一方的财产。

3. 嫁妆是否属于夫妻共同财产？

2003 年 1 月，王某与小丽经人介绍相识后建立恋爱关系，于同年 8 月 28 日办理结婚登记手续。2003 年 10 月，两人按照民间传统习俗举行了婚礼。因婚前相识时间短，彼此缺乏深入了解，性格不合，双方常因家庭琐事产生矛盾，并于 2004 年 2 月开始分居。2004 年 4 月初，王某以夫妻感情破裂为由向法院提起诉讼，请求与小丽离婚。在诉讼中，小丽表示同意离婚，但要求将家中的一辆小货车归其所有。经法院查实，该车出售时间是在两人结婚登记之后，举行婚礼之前，为小丽娘家购买陪送的嫁妆。购买小货车前双方办理婚前财产公证时，公证部门证明小货车为小丽的婚前财产。

法院认为，两人对于离婚问题已经达成一致意见，应准予离婚。本案焦点为双方争议的小货车是夫妻共同财产，还是女方个人财产。婚姻法第 18 条规定：有下列情形之一的，为夫妻一方的财产：(1)一方的婚前财产；(2)一方因身体受到伤害获得的医疗费、残疾人生活补助费等费用；(3)遗嘱或赠与合同中确定只归夫或妻一方的财产；(4)一方专用的生活用品；(5)其他应当归一方的财产。小货车虽然在婚姻关系存续期间所购，但实际系女方娘家陪送的嫁妆。双方办理的婚前财产公证证明该车是小丽的婚前财产，因办理公证手续时该车尚未购买，故该项公证违背了客观真实原则，不应采信。如果仅以结婚登记时间作为划分夫妻共同财产和一方个人财产的界限，认定该车为夫妻共同财产，显然有悖于民间习俗，必将产生不良社会影响。由此，应该认定该车为女方个人财产。

4. 女婿能继承岳父母的遗产吗?

女婿与岳父母之间是一种姻亲关系,在一般情况下,他们之间没有继承权。但在我国传统家庭结构中,没有子孙的老人往往跟着女儿、女婿共同生活,女儿、女婿担负主要的赡养义务。老人都不在了,女儿作为第一继承人的继承权是法定的,这不用多说。但如果女儿又先于女婿去世了,这种情况下,丧偶的女婿还能继承最后一个过世的岳父或岳母的遗产吗?回答是肯定的。我国《继承法》规定:"丧偶儿媳对公婆、丧偶女婿对岳父母尽了主要赡养义务的,作为第一顺序继承人。"《继承法》的这一规定,对于赡养照顾老人,保护老人和丧偶人双方的利益,巩固家庭关系,稳定社会秩序,是具有积极意义的。

5. 离婚后能否平分房产?

2010年初,刘先生与马小姐喜结良缘。当初为准备结婚,刘先生在2009年通过按揭贷款购买了一套商品房,并用做新房。在2010年底拿到的房产证上,仅有刘先生一个人的名字。婚后,刘先生与李小姐共同还贷。之后,两人因种种原因,感情破裂,最终于2013年底离婚。在离婚过程中,双方为房屋的分割发生纠纷。李小姐认为,房屋是夫妻共同财产,应当平分,而且要考虑到房子的增值情况。刘先生却认为,房屋是他一个人买的,所以李小姐无权要求分房子。

根据最新婚姻法规定,婚前个人所购房屋,婚后不属夫妻共同财产。由于房屋是刘先生在婚前购买的，而且房产证上也仅有他一个人的名字，因此这套房屋是刘先生的个人财产，不属于夫妻共同财产。

既然房屋不是夫妻共同财产，那么马小姐当然无权要求房子一人一半。但在和刘先生结婚两年间，她也参与了偿还购房贷款。如今房屋升值，她有权享有部分房子增值的收益。

6. 村委会能索要农户土地流转收益吗？

不能。《中华人民共和国农村土地承包法》（以下简称《农村土地承包法》）第 36 条规定："土地承包经营权流转的转包费、租金、转让费等，应当由当事人双方协商确定。流转的收益归承包方所有，任何组织和个人不得擅自截留、扣缴。"《农村土地承包法》第 58 条亦规定："任何组织和个人擅自截留、扣缴土地承包经营权流转收益的，应当退还。"依据这些规定，只要土地流转的双方当事人是平等的民事主体，共同商定具体的土地流转价款数额、支付时间和支付方式，其他任何组织和个人不得强迫任何一方接受或者拒绝双方议定的流转价款。流转的收益表现为不同形式，转包的，是指转包费；出租的，是指租金；转让的，是指转让费；入股的，是指股份的分红所得。这些收益应归承包方所有，其他任何组织和个人均不得擅自截留、扣缴承包方的土地承包经营权流转收益。村委会即便作为发包方，也是不能索要作为承包方的农户的流转收益的，要了，必须退还。

7. 村民可以将承包地入股办企业吗？

可以，但必须是从事农业合作生产，而不是从事工商业经营活动。《农村土地承包法》第 42 条规定："承包方之间为发展农业经济，可以自愿联合将土地承包经营权入股，从事农业合作生产。"本条规定的土地承包经营权入股有三个特征：一是入股的主体只限于农户，是农户之间的自愿联合，即农户之间各自以其土地承包经营权入股，由其他单位和个人入股的不在此列。二是土地承包经营权入股的目的是发展农业经济，不是从事其他工商业经营活动。三是入股后的经营方式是从事农业合作生产，即成立以合作社为主要形式的各种合作性质的联合体，不是成立工商企业等企业组织。这主要是考虑到，农户的土地承包经营权入股办企业，企业经营得好，农户能够分红当然很好，但如果企业经营得不好，导致企业破产的，农户已经入股的土地承包经营权就要作为破产清算财产，农户可能失去承包地，影响他们的生活，搞不好影响农村社会稳定。

8. 承包费过高或过低如何解决？

承包费过高或者过低，都有失公平。对因此而发生纠纷的，应当通过协商来解决。如果协商不成的，也可以通过仲裁机构或者人民法院裁决。如果为此签订了承包合同，这也是一种不公平的合同。根据《民法通则》规定，这种合同可以请仲裁机构或者人民法院予以变更或者撤销。最高人民法院在《关于审理农村承包合同纠纷案件若干问题的意见》中指出，应对承包指标的高低作具体分析，主要审查承包指标是否符合实际。承包指标一般可根据承包地前 3 年平均产量(或者产值)，并考虑合理增产比例予以确定。如果承包指标基本合理，发包人要求提高承包指标的，人民法院则不予支持，而应当维持原承包合同的承包指标。

9. 征用土地的补偿费归谁所有和使用？

土地补偿费、安置补助费必须依照法定的用途、程序分配和使用。

（1）土地补偿费。《土地管理法实施条例》第 26 条第 1 款规定："土地补偿费归农村集体经济组织所有"，用于发展生产。

（2）安置补助费。《土地管理法实施条例》第 26 条第 2 款规定："征用土地的安置补助费必须专款专用，不得挪作他用。"

需要安置的人员由农村集体经济组织安置的，安置补助费支付给农村集体经济组织，由农村集体经济组织管理和使用；由其他单位安置的，安置补助费支付给安置单位；不需要统一安置的，安置补助费发放给被安置人员，由其自谋职业，或者征得被安置人员同意后用于支付被安置人员的保险费用。对土地被全部征用，农村集体经济组织被撤销建制，实行"农转非"的，其征地费用全部用于转为非农业户口人员的生产和生活安置。

所支付给农村集体经济组织的土地补偿费和安置补助费，可采取乡管村（组）用的形式设立财务专户进行管理。市、县土地行政主管部门应加强监督，协助农村集体经济组织建立征地费使用公开制度。土地补偿费、安置补助费统一安排使用的，应征得农村集体经济组织2/3以上成员同意。

（3）地上附着物及青苗补偿费。依照《土地管理法实施条例》第 26 条第 1 款的规定，"地上附着物及青苗补偿费归地上附着物及青苗的所有者所有"。也就是说，这笔补偿费属于被征土地上附着物及青苗的所有权人，应当及时、足额支付给其本人，由其自由支配。

10. 农民因假、劣种子造成损失应怎样索赔？

《种子法》第41条规定："种子使用者因种子质量问题遭受损失的，出售种子的经营者应当予以赔偿，赔偿额包括购种价款、有关费用和可得利益损失。"这里讲的"可得利益损失"，是指按正常年景一亩地应收多少千克粮食，因为使用了假、劣种子而没有达到，这个差额就是可得利益损失。换句话说，也就是在正常情况下，可以得到的利益的损失。例如，购买种子的交通费用、保管费用以及因假、劣种子质量引起减产所遭受的损失等。经营者赔偿后，属于种子生产者或者其他经营者责任的，经营者有权向生产者或者其他经营者追偿。这里需要特别提醒农民朋友，一定要保存好购买种子的发票、使用说明书、包装袋和剩余种子，最好将所买的种子放少量于纸袋内，由销售者加盖印章封存2份，购买者和销售者各存1份，以防备出现种子质量问题时，作为投诉、起诉索赔的主要证据。

因使用种子发生民事纠纷的，当事人可以通过协商或者调解解决。当事人不愿通过协商、调解解决或者协商、调解不成的，可以根据当事人之间的协议向仲裁机构申请仲裁。当事人也可以直接向人民法院起诉。

11. 合同应当包括哪些条款？

依据《合同法》第12条规定，合同的内容由当事人约定，一般包括以下条款：

（1）当事人的名称或者姓名和住所。

（2）标的。标的指的是合同当事人权利和义务所共同指向的对象。标的是合同的必备条款，没有标的，合同就不能成立。能够成为合同标的的，也可以是物，包括实物或者货币；也可以是行为，如提供某种劳务；还可以是智力成果，如技术转让。

（3）数量。数量是标的的具体化，直接决定着当事人权利义务的大小。数量条款是合同的必备条款，而且一定要十分明确。数量应当使用法定计量单位和计量方法。必要时还必须规定正负尾差和合理磅差。

（4）质量。包括标的的内在质量和外在质量。质量有标准的应注明采用的标准，如国家标准、地方标准、企业标准，没有标准的可以封存样品为准，同时应注明验收的期限。

（5）价款或者报酬。价款或者报酬应明确，既可以具体约定，也可以推定，但不得违反价格法的规定。

（6）履行的期限、地点和方式。合同履行可分为即时履行、定时履行、分期履行。履行期限是一方当事人履行义务，另一方受领的时间界限。履行期限应明确，避免使用"左右""争取"等模糊概念。履行地点是一方履行义务，另一方受领的场所，它关系到标的物的所有权、风险转移、费用负担及发生纠纷后的管辖法院等。履行方式内容广泛，包括交付方式、运输方式、包装方式、验收方式等。

（7）违约责任。当事人不履行合同时所承担的民事责任，主要包括支付违约金和损失赔偿金两种责任方式。

(8)解决争议的方法。也就是合同当事人解决合同纠纷的方式、地点。方式包括仲裁、诉讼。地点是关于仲裁、诉讼的管辖机关所在地。合同中解决争议的条款具有法律效力上的独立性，即使合同被撤销、终止或被宣布无效，解决争议的条款仍然有效。

12. 合同纠纷有哪些，应如何解决？

合同纠纷，顾名思义，是指因合同的生效、解释、履行、变更、终止等行为而引起的合同当事人的所有争议。合同纠纷的范围广泛，涵盖了合同从成立到终止的整个过程。具体说来，合同的纠纷有：合同的效力，即合同是否有效之争议；合同文字语言理解不一致之争议；合同是否已按约履行之争议；合同违约责任应当由何方承担及承担多少之争议；合同是否可以单方解除之争议……合同当事人签订合同之后，理想的状态是当事人各自分别按照合同规定之内容完成应履行之义务，直至合同圆满终止。但是，在现实生活中，由于各种各样的原因，既有合同当事人主观的原因，也有情势变迁方面的客观原因，导致合同在履行过程中出现各种各样的、或大或小的纠纷。

合同纠纷，从总体上来讲，具有如下特点：

(1)主体特定。即纠纷主要发生在订立合同的双方或多方当事人之间。

(2)纠纷内容的多样化。合同纠纷的内容涉及合同本身内容的各个方面，纠纷内容多种多样，几乎每一个与合同有关的方面都会引起纠纷。

(3)属于民事纠纷。签订合同的当事人是平等主体的公民、法人或其他组织，合同行为是民事法律行为，因此，合同纠纷从本质上说是一种民事纠纷，民事纠纷应通过民事方式来解决。

（4）解决方式多样化。合同纠纷的解决方式多样，一般来说，主要有和解、调解、仲裁、诉讼四种。

13. 定金与订金有哪些区别？

在法律上，定金是一种担保，它是合同当事人在合同订立时或者合同履行前，为了保证合同的履行而由一方付给另一方一定数额的金钱。定金的主要作用是保证合同的履行，农民朋友习惯上也叫违约定金，证明合同已经订立。而订金，虽与定金只有一字之差，但意思完全不同。订金是合同订立时或者合同发生前由一方当事人付给另一方的一定数额的金钱，所以，订金实际上是一种预付款，也就是先付的一笔款子，它本身就是货款的一部分。当然，订金也有证明合同订立的作用。这里请农民朋友注意，在法律上，定金和订金最主要的区别是定金适用定金罚则。所谓定金罚则，就是《担保法》规定的：给付定金的一方不履行合同的，无权要求返还定金；接受定金的一方不履行合同的，应当双倍返还定金。而订金就不用这样了，因为它只是一笔预付款，所以，如果合同不能履行，不论是由于哪一方的原因所致，订金都应当如数退还。

14. 民间借贷受法律保护吗？

随着农村经济的发展，农民朋友之间的互相借贷日益增多。民间借贷受法律保护吗？我国《民法通则》第 90 条规定："合法的借贷关系受法律保护。"民间借贷利率的高低一般由借贷双方在合同成立时约定。一旦出现纠纷，应按规定或约定进行处理。处理原则：一是如果出借人预先将利息计入本金计算复利的，其复利部分不予保护，已收取的复利应予返还借用人；二是在借贷时将利息扣除计入本金之内的，应当按照实际出借数额计息，即以实际借出的数额为本金计算利息；三是出借人明知借款人是为了进行非法活动(如赌博)而借款的，其借贷关系不予保护；四是借贷双方对有利息约定发生争议又不能证明的，可参照银行同类借贷利率计息；五是如果出借人以借贷索取明显高利的，法律将不予保护。

15. 对高利贷如何处理？

高利贷是一种超过正常利率的借贷。从旧社会过来的农民朋友有的深受其害。最高人民法院《关于人民法院审理借贷案件的若干意见》第6条规定："民间借贷的利率可以适当高于银行的利率，各地人民法院可根据本地区的实际情况具体掌握，但最高不得超过银行同类贷款利率的4倍(包含利率本数)。超出此限度的，超出部分的利息不予保护。"依据这一规定，超过同类贷款利率4倍的应属高利贷。对确属高利贷的，依照《民法通则》的有关规定，人民法院可以收缴本金及利息。

16. "利滚利"受法律保护吗？

它不受法律保护。利滚利，就是把利息计入本金计算复利。这也是一种高利贷。我国一直坚持禁止放高利贷、利滚利的政策。

最高人民法院在《关于贯彻执行〈中华人民共和国民法通则〉若干问题的意见》第 125 条规定："公民之间的借贷，出借人将利息计入本金计算复利的，不予保护。"

17. 农民工如何获得解除劳动合同的经济补偿?

根据劳动部下发的《违反和解除劳动合同的经济补偿办法》的规定，解除劳动合同的补偿办法如下：

(1)经劳动合同当事人协商一致，由用人单位解除劳动合同的，用人单位应根据劳动者在本单位工作年限，每满 1 年发给相当于 1 个月工资的经济补偿，最多不超过 12 个月。工作时间不满 1 年的按 1 年的标准发给经济补偿金。

(2)劳动者患病或者因公负伤，经劳动鉴定委员会确认不能从事原工作，也不能从事用人单位另行安排的工作而解除劳动合同的，用人单位应按其在本单位的工作年限，每满 1 年发给相当于 1 个月工资的经济补偿金，同时还应发给不低于 6 个月工资的医疗补助费。患重病和绝症的还应增加医疗补助费，患重病的增加部分不低于医疗补助费的 50%，患绝症的增加部分不低于医疗补助费的 100%。

(3)劳动者不能胜任工作，经过培训或者经过调整工作岗位仍不能胜任工作，由用人单位按其在本单位工作的年限，工作时间每满 1 年，发给相当于 1 个月工资的经济补偿金，最多不超过 12 个月。

(4)劳动合同订立时所依据的客观情况发生重大变化，致使原劳动合同无法履行，经当事人协商不能就变更劳动合同达成协议，由用人单位解除劳动合同的，用人单位按劳动者在单位工作的年限，工作时间每满 1 年发给相当于 1 个月工资的经济补偿金。

(5) 用人单位濒临破产进行法定整顿期间或者生产状况发生严重困难，必须裁减人员的，用人单位按被裁减人员在本单位工作的年限支付经济补偿金。在本单位工作的时间每满 1 年，发给相当于 1 个月工资的经济补偿金。

以上 5 种情况，用人单位在解除劳动合同后，未按规定给予劳动者经济补偿的，除全额发给经济补偿外，还应按经济补偿金数额的 50% 支付额外经济补偿金。

18. 对劳动者的经济补偿金如何发放？

根据劳动法规定，对劳动者的经济补偿金，由用人单位一次性发给。

19. 新型农村合作医疗制度的筹资标准是多少？

根据《中共中央、国务院关于加强农村卫生工作的决定》，2003 年 1 月 10 日，卫生部、财政部、农业部下发了《关于建立新型农村合作医疗制度的意见》，进一步明确了新型农民合作医疗制度的筹资标准：新型农村合作医疗制度实行个人缴费、集体扶持和政府资助相结合的筹资机制。

(1) 农民个人每年的缴费标准不应低于 10 元，经济条件好的地区可相应提高缴费标准。乡镇企业职工(不含以农民家庭为单位参加新型农村合作医疗的人员)是否参加新型农村合作医疗由县级人民政府确定。

（2）有条件的乡村集体经济组织应对本地新型合作医疗制度给予适当扶持。扶持新型农村合作医疗的乡村集体经济组织类型、出资标准由县级人民政府确定，但集体出资部分不得向农民摊派。鼓励社会团体和个人资助新型农村合作医疗制度。

（3）地方财政每年对参加新型农村合作医疗农民的资助不低于人均 10 元，具体补助标准和分级负担比例由省级人民政府确定。经济较发达的东部地区，地方各级财政可适当增加投入。从 2003 年起，中央财政每年通过专项转移支付对中西部地区除市区以外的参加新型农村合作医疗的农民按人均 10 元的标准安排补助资金。

20. 如何妥当认定纠纷中医方的过错？

近几年来，农村医疗纠纷案件有逐年上升的趋势，如何妥当认定医方的过错呢？

医方的过错在一般情况下应就其是否已尽客观上的义务而加以判断。从充分保护患者的利益和有利于医疗技术的发展出发，医方应尽的注意义务应当是民法上善良管理人所应尽到的注意义务。具体而言，医方在从事诊疗护理行为时，应具有合理的注意及适当的技术。所谓"合理的注意及适当的技术"，其判断标准是"医疗水准"，即医师于医疗之际，其学识、注意程度、技术以及态度均应符合具有一般医疗专业水准的医师在同一情况下所应具备的标准。

（1）"医学判断"法则

所谓"医学判断"法则，是指只要医疗专业者遵循专业标准的要求所做出的决定，不因事后判认其所作的决定错误而对其课以责任。医方在对患者施行诊疗时，若其已尽到符合其专业要求的注意、学识及技术标准，即便治疗结果不理想，甚至有不幸发生，医方也无过错，不应对该后果承担责任。

(2)"可尊重的少数"法则

医师在从事诊疗护理行为时，必须具备高度的专门知识与技术，各个医师可能持有不同的见解，在此场合，要容许医师有一定程度的自由裁量权。我们不能因多数人同意采取某种治疗措施就肯定其完全正确而不承担责任，也不能因所采用的治疗方法系属少数人认可而让该少数人承担责任。只要医师采取的治疗方法不违反其专业标准，就不能认定其有过错。

(3)"最佳判断"法则

医方所为的诊疗护理行为除必须符合其专业标准所要求的注意义务、学识及技术等之外，还必须是其最佳判断。换句话说，当医师的专业判断能力高于一般标准，而该医师又明知一般标准所要求的医疗方法具有不合理的危险性时，法院对该医师的注意义务的要求应高于一般标准。"最佳判断"法则与医师的一般注意义务有别，"最佳判断"法则一般仅应在该最佳判断确定的治疗方法不增加患者的危险或该治疗方法已被认为符合"可尊重的少数"法则时，方可适用。

(4)"允许风险"法则

该法则认为，在某些特殊情况下，包括医疗活动中，为谋求社会进步，应允许某种挑战法律行为的人类活动的存在。医学的进步，使以往被认为属于绝症的疾病也有了治愈的可能，给患者及其亲人带来欢乐和希望，但新药的使用，也会产生副作用。医学的进步是经过千千万万次的反复实验和多次的失败才得到的。因此,判断医方的过错,应考虑"允许风险"法则的适用。

(5)地区性原则

由于不同地区的经济、文化发展状况的差距,因此,医师执业的环境、医疗经验等都有地区性的差异。因此,判定医生是否尽到注意义务,应以同地区或类似地区(指发展水平大致相当,环境、习俗、人口等相似的地区)的医疗专业为依据。在判定医方的过错时应考虑到地域、环境等地区性差别因素,既不纵容医方的过错,又要针对具体环境而不对医方过于苛刻。

21. 如何预防与处置医疗事故?

医疗机构及其医务人员在医疗活动中,必须严格遵守医疗卫生管理法律、行政法规、部门规章和诊疗护理规范、常规,恪守医疗服务职业道德。医疗机构应当按照国务院卫生行政部门规定的要求,书写并妥善保管病历资料。

因抢救急危患者,未能及时书写病历的,有关医务人员应当在抢救结束后6小时内据实补记,并加以注明。严禁涂改、伪造、隐匿、销毁或者抢夺病历资料。患者有权复印或者复制其门诊病历、住院记录、体温单、医嘱单、化验单(检验报告)、医学影像检查资料、特殊检查同意书、手术同意书、手术及麻醉记录单、病理资料、护理记录以及国务院卫生行政部门规定的其他病历资料。

在医疗活动中,医疗机构及其医务人员应当将患者的病情、医疗措施、医疗风险等如实告知患者,及时解答其咨询;但是,应当避免对患者产生不利后果。医疗机构应当制定防范、处理医疗事故的预案，预防医疗事故的发生，减轻医疗事故的损害。

医务人员在医疗活动中发生或者发现医疗事故、可能引起医疗事故的医疗过失行为或者发生医疗事故争议的，应当立即向所在科室负责人报告，科室负责人应当及时向本医疗机构负责医疗服务质量监控的部门或者专(兼)职人员报告。负责医疗服务质量监控的部门或者专(兼)职人员接到报告后，应当立即进行调查、核实，将有关情况如实向本医疗机构的负责人报告，并向患者通报、解释。

发生医疗事故的，医疗机构应当按照规定向所在地卫生行政部门报告。发生下列重大医疗过失行为的，医疗机构应当在 12 小时内向所在地卫生行政部门报告：

(1)导致患者死亡或者可能为二级以上的医疗事故；(2)导致 3 人以上人身损害后果；(3)国务院卫生行政部门和省、自治区、直辖市人民政府卫生行政部门规定的其他情形。

发生医疗事故争议时，死亡病例讨论记录、疑难病例讨论记录、上级医师查房记录、会诊意见、病程记录应当在医患双方在场的情况下封存和启封。封存的病历资料可以是复印件，由医疗机构保管。疑似输液、输血、注射、药物等引起不良后果的，医患双方应当共同对现场实物进行封存和启封，封存的现场实物由医疗机构保管；需要检验的，应当由双方共同指定的、依法具有检验资格的检验机构进行检验；双方无法共同指定时，由卫生行政部门指定。疑似输血引起不良后果，需要对血液进行封存保留的，医疗机构应当通知提供该血液的采供血机构派员到场。患者死亡，医患双方当事人不能确定死因或者对死因有异议的，应当在患者死亡后 48 小时内进行尸检，具备尸体冻存条件的，可以延长 7 天。尸检应当经死者近亲属同意并签字。

尸检应当由按照国家有关规定取得相应资格的机构和病理解剖专业技术人员进行。承担尸检任务的机构和病理解剖专业技术人员有进行尸检的义务。拒绝或者拖延尸检，超过规定时间，影响对死因判定的，由拒绝或者拖延的一方承担责任。患者在医疗机构内死亡的，尸体应当立即移放太平间。死者尸体存放时间一般不得超过 2 周。逾期不处理的尸体，经医疗机构所在地卫生行政部门批准，并报经同级公安部门备案后，由医疗机构按照规定进行处理。

22. 哪些情形不属于医疗事故？

依据《医疗事故处理条例》第 33 条的规定，有下列情形的，不属于医疗事故：

（1）在紧急情况下为抢救垂危患者生命而采取紧急医学措施造成不良后果的。

（2）在医疗活动中由于患者病情异常或者患者体质特殊而发生医疗意外的。

（3）在现有医学科学技术条件下，发生无法预料或者不能防范的不良后果的。

（4）无过错输血感染造成不良后果的。

（5）因患方原因延误诊疗导致不良后果的。

（6）因不可抗力造成不良后果的。

第三章
农村常见土地纠纷案例解析

1. 承包方有权收回代耕的土地吗？

俞某、屠某是同一村农民。俞某自农村实行家庭联产承包责任制时起，就从村集体获得一块 0.9 亩土地的承包经营权。2000年农村土地二轮承包时，俞某继续承包该地，并获得了农村集体土地承包经营权证书，有效期为 30 年。2001 年，俞某全家外出做生意，将这块承包地交给屠某夫妇代为耕种，并口头约定可随时收回。2005 年，俞某回乡后向屠某夫妇索要这块耕地，但屠某夫妇认为自己耕种这块土地多年，土地承包关系早已发生改变，所以拒绝了俞某的要求。俞某将屠某夫妇告上法庭，要求他们立即退还耕地。俞某能否要回耕地？

我国《农村土地承包法》规定，耕地的承包期限为 30 年，承包期内发包方不得收回或随意调整承包地。通过家庭承包取得的土地承包经营权可以采取转包、出租、互换、转让或者其他方式流转，流转的主体是承包方，承包方有权依法自主决定土地承包经营权是否流转和流转的方式。承包方如有稳定的非农职业或者有稳定的收入来源的，经发包方同意，可以将全部或者部分土地承包经营权转让给其他从事农业生产经营的农户(双方应签订书面合同)，由该农户同发包方确立新的承包关系，原承包方与发包方在该土地上的承包关系即行终止。

上例中，俞某依法取得了争议土地的承包经营权，因生意繁忙无暇耕种而将承包地临时交给屠某夫妇代为耕种，原、被告之间土地承包经营权的流转属于临时代耕性质，而非经发包方同意后的正式转让，俞某仍是该块土地的承包方，被告屠某夫妇与发包方之间并没有形成新的承包关系。屠某夫妇虽因此取得了该块土地的耕种、收益的权利，但这种权利只是临时的，原告俞某可以随时收回。

2. 农村承包地调整谁说了算？

村民蔡某家南面有一块仓库大场，村里分田到户后，该场地一度闲置，后由濮某等五户村民占用种植蔬菜，蔡某部分承包地被村里征用后，就提出把这块大场补偿给他，遭到濮某等人的反对。2003年5月，村委会书面通知蔡某被征用承包地的面积用补划的方式解决。5月27日，村委会召开村民组长代表、部分老党员会议，会议决定将仓库大场补偿给蔡某。之后，镇政府做出《关于调整蔡某承包地的批复》，同意村委会的调整方案。镇政府做出批复后，又组织人员去现场划地，但此时该场地已被濮某等五户种植了毛豆等农作物，划地遭到了阻挠。为此蔡某提起诉讼，要求五被告停止侵权行为。

法院审理后认为，原、被告争执的大场场地属于村预留的机动地，五被告对该机动地均无权占用；原告在村委会征用、占用其承包地后，依法有权获得相应补偿，但原告所提供的调整土地手续不符合土地承包法的有关规定，且至今未得到县级政府农业等行政主管部门批准，应认定该调整还未生效，蔡某尚未正式取得该地的承包经营权。因此，蔡某的诉讼请求无法得到法院的支持，法院驳回了他的诉讼请求。

我国农村土地承包法明确规定，农村土地承包方案和调整承包地均必须经本集体经济组织成员的村民会议 2/3 以上成员或 2/3 以上村民代表同意。调整承包地需报镇人民政府和县级人民政府农业等行政主管部门批准。蔡某的承包地调整方案既不能证明已经 2/3 以上成员或村民代表同意，又没有主管部门批准手续，败诉也就不足为奇了。

3. 改嫁农村妇女能要回自己的承包地吗？

某村李某一家人与村委会签订土地承包合同，取得该村 5 亩田的承包权。后其丈夫死亡，李某改嫁他村，村委会遂将其承包土地另行发包给同村村民黄某。李某知晓后，以承包未到期为由要求村委会继续履行合同，遭拒绝后向人民法院起诉。李某能要回属于自己的承包地吗？

法院审理后认为，村委会和黄某的土地承包合同是经过村委会的正当发包程序订立的，黄某是该村村民，具有承包资格，而且已对土地进行了实际耕作，故应确认其所取得的承包权合法有效，但鉴于原告的原承包合同尚未到期，且已对土地进行了实际投入，应予适当的补偿(赔偿原告所受损失)。

本案中李某只能对与之缔约的村委会主张合同权利，只能起诉村委会。村委会实际上已单方违反和李某订立的承包合同，且黄某实际耕作该土地的事实即意味着村委会履行的是和黄某订立的承包合同，所以法院据此判决由黄某取得土地承包经营权，村委会则对李某承担违约责任(赔偿其所受损失)。

4. 因土地补偿费、安置费引起的纠纷如何解决？

1985年，村民张某在第一轮土地发包过程中取得了0.51亩土地，后他将该土地出借给同村胡某。在随后几年，该土地的各项税费都是胡某缴付的。1997年，胡某与所在村签订《农村土地承包合同》，承包了2亩多土地(其中包括那0.51亩土地)。2003年，村里将部分土地(其中包括这2亩多土地)给某厂建厂房搞生产。当时给村民约定的是土地补偿费4000元/亩、安置费4000元/亩、青苗费1000元/亩。某厂也答应再按3000元/亩多补偿一些钱。后村里决定将土地补偿费留给村里所有，某厂多补的钱等开村代会再作决定，只同意将安置费和青苗费补偿给被征地的村民。胡某不服，起诉要求村里将土地补偿费、某厂多补的钱返还给自己。0.51亩土地的原承包人张某则主张0.51亩土地的补偿应归自己所有。村里认为当时与胡某签订合同只是为了应付上级检查，村里实际上并没有搞第二次土地发包，合同应视为无效。

根据我国土地法规定，土地补偿费用可留在村级机构用于组织再生产。而厂里多补的费用应根据多补费用的性质进行分配,安置费、青苗费则应给承包人。至于村组织说,二次承包属应付检查之说是不能成立的,应按重新承包的土地进行补偿。原承包人主张补偿费用没有法律依据。0.51 亩土地出借给胡某,在随后几年,该土地的各项税费都是胡某缴付的,胡某成了土地的实际耕作者,且 1997 年重新订了承包协议。因此,可视胡某为该 0.51亩土地的实际承包人。

5. 出嫁、离婚、丧偶承包的土地怎么办?

王女是王村人,26 岁嫁到赵村,在出嫁之前王村村委会分给王女承包地 2.3 亩,双方签订了土地承包合同。王女出嫁后一直居住在赵村,但没有在赵村承包土地。王村村委会以王女已经出嫁且已不在本村居住为由,口头通知王女其所承包的 2.3 亩土地已被村里按照规定收回。王女多次同王村村委会交涉,要求继续承包王村的土地,遭王村村委会拒绝。最后,王女将王村村委会告上了法庭。法院判决:王村村委会强行收回王女承包地的行为无效,该 2.3 亩土地由王女继续承包,并由王村村委会赔偿因此给王女造成的损失。

王女在出嫁后,尽管不在原所在的村居住,但在新的居住地并没有取得新的承包地,因此应继续承包其原承包地。被告王村村委会以原告王女已出嫁并不在本村居住为由将其 2.3 亩承包地收回,违反了法律规定,王村的乡规民约不能对抗国家的法律。

需要注意的是,享有土地承包经营权的妇女,在该土地被征用时,有权依法分得土地征用的补偿费。

妇女在土地承包中的合法权益应当依法受到保护，这是农村土地承包的重要原则和内容。《农村土地承包法》第 6 条规定："农村土地承包，妇女和男子享有平等的权利。承包中应当保护妇女的合法权益，任何组织和个人不得剥夺、侵害妇女应当享有的土地承包经营权。"此外，对妇女在结婚、离婚或者丧偶后土地承包经营权的保护，法律还做出了进一步具体的规定。(1)妇女结婚时，嫁入方所在村应当优先解决妇女的土地承包问题，在没有解决之前，出嫁女原籍所在地的发包方不得收回其原先承包的土地。(2)妇女离婚或丧偶后，仍在原居住地生活的，其已经取得的承包地应当由离婚或丧偶妇女继续承包，发包方不得收回；不在原居住地生活的，新居住地的集体经济组织应当尽量为其解决承包土地问题，未解决前，原居住地发包方不得收回其原承包地。

6. 王男应退回土地承包费吗？

王村村民王男一直做小本生意。6 年前，他将自己的承包地转包给村民张三。合同约定，转包费每年 1000 元，转包期限 15 年，转包费 1.5 万元，一次性付清。2007 年王男在市里买了房子，一家三口转为非农业户口。村委会认为王男迁出户口后，就不再享有土地承包经营权，不应该再收取土地流转费，要其将 2008 年以后剩余的土地转包费用返还村委会。王男却认为，自己转包土地在先，迁出户口在后，收入应该归个人所有。双方争执不下，村委会遂将王男推上被告席。法院经过审理，判决剩余的转包费用归村委会所有。

根据规定，当承包人失去承包身份致使其无权履行承包合同的，发包方有权收回土地，并有权收取剩余流转期限的流转价款。承包方一次性收取了转包费用的，如果发包方请求承包方返还剩余期限的转包费用，人民法院应当支持。如果转包费用是分期支付的，第三人则应当将流转费支付给发包方，而不应当交给转包合同的对方当事人。因此法院判决剩余流转费归村委会所有是正确的。

（1）《农村土地承包法》第 26 条规定，承包期内，承包方全家迁入设区的市，转为非农业户口的，应当将承包的耕地交回发包方。

（2）最高人民法院《关于审理涉及农村土地承包纠纷案件适用法律问题的解释》有明确规定，发包方根据规定收回承包地前，承包方已经以转包、出租等形式将其土地承包经营权流转给第三人，且流转期限尚未届满，因流转价款收取产生的纠纷，按照下列情形，分别处理：承包方已经一次性收取了流转价款，发包方请求承包方返还剩余流转期限的流转价款的，应予支持。流转价款为分期支付，发包方请求第三人按照流转合同的约定支付流转价款的，应予支持。

7. 集体果园不到期可否强行收回？

2005 年，甲村王某与村委会签约承包本村果园协议，承包合同规定，王某对果园的承包期为 15 年，每亩每年承包费为 100 元。王某一家还一直做木材加工生意，并于 2008 年搬到城里居住，渐渐无暇顾及所承包的果园，果园正常的管理和经营没有了保障。

2008 年 12 月，王某将自己所承包的果园以每亩每年 260 元的承包价格，转包给同村的李某经营。转包期以王某果园剩余承包期为限。果园原来的承包金，仍由王某向村委会交付。

后来，村委会以该果园属于村集体所有，王某无权转包谋利为由，将王某转包后的果园强行收回并转包他人。王某在与村委会多次协商未果的情况下，向县农村土地承包仲裁委员会申请仲裁。仲裁庭做出裁决，村委会有权收回王某的果园。王某不服，又向县人民法院起诉，要求村委会返还果园并赔偿损失。

法院经审理认为，在约定的承包期内，村集体经济组织无权单方解除土地承包合同，也不能阻碍进城农民依法流转土地经营权。同时，王某按合同约定及时足额向集体缴纳果园承包金，于国家、集体、个人有益无害，且在转包后履行了向村委会告知的义务，其行为并无不当，应予支持，故判决村委会败诉，返还强行收回的果园，并赔偿因此给王某造成的损失。

土地经营权流转是农村经济发展、农村劳动力转移等带来的必然结果。按照土地承包法的相关规定，承包期内，发包方（村委会）不得收回承包地。土地流转要建立在依法、自愿、有偿的基础上，土地承包经营权流转的主体是承包方（农户）。承包方（农户）有权依法自主决定土地承包经营权是否流转和流转的方式，任何组织或个人不得强迫或者阻碍承包方进行土地承包经营权流转。

在现实生活当中发生农村土地承包经营纠纷的，当事人可以和解、调解方式去解决，和解、调解不成的或者不愿和解、调解的，可以向农村土地承包仲裁委员会申请仲裁，也可以直接向人民法院起诉。当事人不服仲裁裁决，可以自收到裁决书之日起30日内向人民法院起诉。逾期不起诉的，裁决书即发生法律效力。

这就需要农民朋友要有时效的观念，遇到类似情况一定要及时向有关人士咨询或者向法院起诉，以防错过维护自己权益的最佳时机。

《农村土地承包法》规定，发包方不得干涉承包方依法享有的生产经营权；不得违反本法规定收回、调整承包地；强迫或者阻碍承包方进行土地承包经营权流转；不得假借少数服从多数原则强迫承包方放弃或者变更土地承包经营权而进行土地承包经营权流转；不得以划分"口粮田"和"责任田"等为由收回承包地搞招标承包；不得将承包地收回抵顶欠款；不得剥夺、侵害妇女依法享有的土地承包经营权。

根据上述法条，本案中的原告王某在约定的承包期内，可以自由流转土地经营权，村集体经济组织无权单方解除土地承包合同。

8. 承包地转包村委会能不能"代理"？

李四承包了村里的一块低洼地。村委会为鼓励多种经营，发展渔副业生产，向李四做思想工作，让李四将土地转包给刘三用做鱼塘养殖，并在其所在地的公证处进行了公证，租期为 8 年，期满后刘三归还鱼塘，如果续包则另签合同。期满后，刘三拒绝归还鱼塘，李四多次索要无果。第二年，该村集体组织在未经李四同意的情况下，又与刘三就该鱼塘签订了承包协议并发放了土地承包经营权证书。李四、刘三与集体组织之间遂发生了纠纷。

李四与村委会签订的合同是有效的土地承包合同，李四是该土地合法的承包人。而李四与刘三签订的是普通的土地转包合同，刘三不履行合同约定，李四可以向人民法院起诉，要求法院强制刘三履行。

至于此后刘三和村委会签订的承包协议，属于无效合同。村委会擅自收回土地，属于侵害李四合法权益的行为，应属于无效行为。李四可以通过起诉刘三履行合同来维护合法权益，也可以向村委会主张侵权责任。

我国农村土地承包法规定：通过家庭承包取得的土地承包经营权可以依法采取转包、出租、互换、转让或者其他方式流转。承包方可以自主决定采取转包、出租、互换、转让或者其他方式进行流转。土地承包经营权流转应当遵循平等协商、自愿、有偿等原则。

《合同法》第60条规定，当事人应当按照约定全面履行自己的义务。第107条规定，当事人一方不履行合同义务或者履行合同义务不符合约定的，应当承担继续履行、采取补救措施或者赔偿损失等违约责任。

9. 土地承包权能不能继承？

尚甲的母亲王某生前一直与其兄尚乙一起生活。1999年进行第二轮土地承包时，其兄尚乙共承包土地4.9亩，其中含王某的土地份额0.7亩。在王某去世后，这0.7亩土地也由尚乙一直耕种。

2005年，尚甲说，母亲王某留有遗嘱，将该0.7亩土地归自己，并将兄长尚乙诉至法院，请求法院判令尚乙退还土地0.7亩，并赔偿经济损失2000元。

一审法院认为，承包人死亡，其承包地不允许继承，尚甲要求尚乙返还侵占土地的诉讼请求，不予支持。尚甲在举证期限内没有提供承包合同或相关土地承包经营权证等足够的证据，故判决驳回原告尚甲的诉讼请求。

本案诉争的土地0.7亩是以家庭承包方式承包的耕地。家庭承包的承包方是本集体经济组织的农户，即家庭承包是以农户为单位而不是以个人为单位。以家庭承包方式而来的土地承包经营权是农户基于本集体经济组织成员的身份，通过合同方式，无偿取得的一种财产权。这就决定了家庭土地承包经营权的继承与一般意义上的继承不同。

以家庭承包方式取得的承包经营权具有社会保障功能，它为集体成员提供的是基本的社会保障。当承包农户中的一人或几人死亡时，承包地仍由其他家庭成员继续承包经营，不发生继承的问题。

家庭承包中，承包经营所得的收益依法能够被继承，承包经营权本身不能继承。本案中，原告尚甲诉求按照其母王某的遗嘱对农村土地承包经营权进行继承没有法律依据。

我国土地承包法将农村土地的类型分为耕地、草地以及其他依法用于农业的土地，将农村土地承包分为"家庭承包"和"其他方式的承包"两类。

"家庭承包"的承包方是本集体经济组织的农户，"其他方式的承包"是指不宜采取家庭承包方式的荒山、荒沟、荒丘、荒滩等农村土地，通过招标、拍卖、公开协商等方式的承包，承包方的主体可以是本集体经济组织成员，也可以是本集体经济组织以外的单位或者个人。

针对"其他方式的承包",法律明确规定:"土地承包经营权通过招标、拍卖、公开协商等方式取得的,该承包人死亡,其应得的承包权益,依照继承法的规定继承;在承包期内,其继承人可以继续承包。"该项规定实际上是针对上述"四荒"地做出的,并不包含耕地。

我国土地承包法对耕地的承包经营权的继承未予支持,而确定了以"户"为生产经营单位的耕地承包经营权模式。家庭成员对于土地承包权在性质上是财产的共有关系。因此,家庭中部分成员死亡,只要作为承包方的户还在,就不发生继承的问题,而由家庭中的其他成员继续承包。若承包人死亡,在作为承包经营的家庭消亡的情况下,土地应当由集体经济组织收回或另行发包,或严格用于解决农村新增人口的生活用地矛盾,只是集体经济组织在收回耕地时应当将土地上的收益抵偿给继承人。

10. 转包协议是否有效?

陶某 3 年前与村委会签订了为期 30 年的土地承包合同。但近两年陶某一直在县城做生意,没有时间管理土地。今年春天陶某与邻居李某协商后,签订了土地转包协议,将承包土地转包给李某经营。村委会得知后,以此事没有征得村委会同意为由,认定转包协议无效,并警告陶某要是不想承包土地,村委会就要提前收回承包土地。双方争执不下,陶某起诉到法院,请求法院保护其承包土地的转包权。法院依据《农村土地承包法》的相关规定判定:陶某与李某签订的土地转包协议不需经村委会同意,只要到村委会备案即可。

可以明确，陶某与李某签订的土地转包协议是有效的。《农村土地承包法》第 10 条明确规定："国家保护承包方依法、自愿、有偿地进行土地承包经营权流转。"该法第 32 条规定："通过家庭承包取得的土地承包经营权可以依法采取转包、出租、互换、转让或者其他方式流转。"第 34 条又规定："土地承包经营权流转的主体是承包方。承包方有权依法自主决定土地承包经营权是否流转和流转的方式。"该法第 37 条规定："土地承包经营权采取转包、出租、互换、转让或者其他方式流转，当事人双方应当签订书面合同。采取转让方式流转的，应当经发包方同意；采取转包、出租、互换或者其他方式流转的，应当报发包方备案。"根据上述规定，陶某与邻居李某签订的是土地转包协议，不必经原发包方即村委会同意，只要报村委会备案即可。村委会以陶某不承包土地就要提前收回承包地的说法没有法律依据。

为了保证当事人的权利，土地承包经营权采取转包、出租、互换、转让、入股等方式流转的，当事人双方应当签订书面合同，书面土地承包经营权流转合同，也是一份重要的证据，可以作为处理当事人纠纷的依据。但在实践中，当事人基于诚实信用原则，在没有签订书面形式的土地承包经营权流转合同的情况下，已经实际将土地承包经营权流转了。于此情形，可以认定土地承包经营权流转合同成立，但是，应当有第三人为证。

采取转让方式进行土地承包经营权流转的，应当经发包方同意。否则，土地承包经营权转让合同不成立。采取转包、出租、互换方式或者其他方式流转的，应当报发包方备案。至于发包方同意与否，不影响流转合同的成立。至于报发包方备案，最好也采取书面形式。

11. 离婚后王某能分割土地吗?

王某于 1996 年与李某(女)结婚,婚后王某到李某家生活。1997 年村集体重新测量土地,进行第二轮土地延包,将集体耕地承包合同的户主签为王某的姓名。2005 年,王某与李某离婚,王某要求分割给他 2334.5 平方米承包地,但李某以合同内的 11672.5 平方米承包地系其前夫在世时就分得的土地面积,不包括王某的承包地为由,拒不给王某分割土地,王某提出仲裁请求:请求分割给王某承包地 2334.5 平方米。

法院认为,王某于 1997 年 3 月 13 日将户口迁入该村,恰好赶上了当地第二轮土地延包。王某作为该农户家庭成员之一,对该户所承包的 11672.5 平方米承包地拥有共同经营使用权。应分割给王某一口人的承包地 2334.5 平方米。因此,李某从 11672.5 平方米承包地中分割出 2334.5 平方米归王某经营使用;仲裁费用由李某承担。

本案属离婚引发的土地分割纠纷问题。王某在第二轮土地延包前与李某结婚,并将户口迁入女方家,属于男到女家落户,第二轮土地延包合同户主为王某姓名。虽然李某认为该合同内土地是其前夫在世时分得的土地面积,但其前夫在第二轮土地延包前死亡,第一轮土地承包关系已自然终止。根据《农村土地承包法》第 15 条的规定,王某作为该集体经济组织内部成员,作为该农户家庭的成员之一,应当对该户的承包地拥有共同使用权。因此裁决由李某从该户承包地中分割出一口人的承包地归王某经营。

《农村土地承包法》第 15 条是关于承包主体的规定。农村土地家庭承包的承包方是本集体经济组织的农户。对农村土地实行家庭承包的，农户成为农村集体经济中一个独立的经营层次，是农村从事生产经营活动的基本单位。需要说明的是：

(1)农村集体经济组织的每一个成员都有承包土地的权利，家庭承包中，是按人人有份分配承包地，按户组成一个生产经营单位作为承包方；

(2)农户内的成员分家析产的，一些地方的实际做法是单独成户的成员可以对原家庭(户)承包的土地进行分配；若承包方是夫妻的，在承包合同履行期间解除婚姻关系，未达成协议，且双方均有承包经营主体资格的，应按家庭人口、老人的赡养、未成年子女的抚养等具体情况对土地承包经营权进行分割。

12. 孩子上了大学能否分到土地？

武某所在村实行土地承包五年一变动政策，其两个孩子在读大学期间，村委会重新分配土地，孩子因户口迁入学校所在地而没能分到土地。而武某家的经济收入主要是土地收益，失去孩子的承包地将难以维持两个孩子的学业。法院审理了武某的诉讼请求，并依法维护了其合法的土地承包经营权益。

在本案中，需要明确的几个问题是：第一，村里实行的农村土地承包五年一变动政策是违反法律规定的。我国《农村土地承包法》第 20 条规定：耕地的承包期为 30 年。草地的承包期为 30 年至 50 年。林地的承包期为 30 年至 70 年，特殊林木的林地承包期，经国务院林业行政主管部门批准可以延长。以上条款的规定主要是为了维护农村土地政策的稳定性。村委会实行的五年一变动政策显然是与《农村土地承包法》的具体规定和基本精神相违背的。第二,《农村土地承包法》第 26 条第 3 款规定,承包期内,承包方全家迁入设区的市,转为非农业户口的,应当将承包的耕地和草地交回发包方。子女外地求学,户口迁出,并非全家都转成非农户口,因此不符合承包法中所规定的发包方收回承包地的前提条件。第三,《农村土地承包法》实施办法第 10 条规定,统一组织家庭承包时,原户口在本村的下列人员,依法享有农村土地承包经营权:一是解放军、武警部队的现役义务兵和符合国家有关规定的士官;二是高等院校、中等职业学校的在校学生;三是正在服刑的人员。第四,承包合同生效后发包方不得以任何理由变更或解除合同,发包方也不能随便调整承包地。承包期内,因自然灾害严重毁损承包地等特殊情形对个别农户之间承包的耕地和草地需要适当调整的,必须经本集体经济组织成员的村民(代表)大会 2/3 以上成员或者 2/3 以上村民代表的同意,并报乡(镇)人民政府和县级人民政府农业等行政主管部门批准后才可以作适当调整。虽然武某的子女上学将户口迁出,但其生活来源仍然来自农村,来自赖以生存的土地。所以,根据《农村土地承包法》及相关法规的基本精神,为了维护我国农村土地政策的长期性和稳定性,不能因为子女上学、服役等情况就剥夺其土地承包经营权。

13. 弃耕撂荒后能否要回原承包地?

赵某携带妻子弃耕撂荒,南下深圳打工。2005 年以来,中央落实一系列惠农政策,在外饱受漂泊之苦的赵某想回家继续经营承包地。但回村后，村委会以土地已经发包给他人为由拒绝了赵某的要求。几经协商后双方没有达成共识，赵某便向法院提起诉讼，要求村委会返还承包地。经过庭审，法院最后支持了赵某的诉求。

土地是农民安身立命的根本，农民弃耕撂荒大多数有着深刻而复杂的原因，农民放弃耕地不能简单地理解为农民永久性放弃土地承包经营权。由此可见，不论发包方是否将该户承包地发包给第三人，土地承包经营权人弃耕撂荒后有要求返还承包地的，法院都会依法给予支持。

最高人民法院《关于审理涉及农村土地承包纠纷案件适用法律问题的解释》第6条规定，因发包方违法收回、调整承包地，或者因发包方收回承包方弃耕、撂荒的承包地产生的纠纷，按照下列情形分别处理：

（1）发包方未将承包地另行发包，承包方请求返还承包地的，应予支持。

（2）发包方已将承包地另行发包给第三人，承包方以发包方和第三人为共同被告，请求确认他们所签订的承包合同无效，返还承包地并赔偿损失的，应予支持。但属于承包方弃耕、撂荒情形的，对其赔偿损失的诉讼请求，不予支持。

对涉及承包方弃耕、撂荒承包土地纠纷的处理需明确以下三个问题：

（1）从《农村土地承包法》对承包方承包土地的保护规定和维护土地承包经营权人利益的考虑出发，弃耕、撂荒承包地的承包方要求返还承包地的诉讼请求，应予支持。

（2）从《土地管理法》确立的耕地保护的立法政策出发，地尽其用、维持土地的农业用途也是承包方的法定义务。这一点在《农村土地承包法》第17条规定中也有体现。

（3）不论其出于何种原因弃耕、撂荒承包土地，均属于对法定义务的违反，其主张弃耕、撂荒期间损失的赔偿，是没有合法依据的。发包方虽然不得收回承包土地，但其本着发挥土地利用价值的角度，采取措施避免承包土地荒废带来的损失，具有合理性。但必须明确，在承包方要求返还的时候，应当返还。

14. 这笔补偿款归谁？

2000年3月，某村村民王某将自己位于本村北大路旁的5亩承包地的承包经营权，以5000元的价格转让给本村李某父亲，之后李某之父一直耕种该承包地。2001年6月李某之父又用这5亩承包地互换了本村陈某位于南头的5亩承包地，互换双方及王某三方又签订了承包地互换协议，此后李某家耕种该土地7年之久，在此期间三方共守约定没有出现争议。2004年，李某之父因病去世。2008年秋，因机场建设需要，有关主管部门依法征用了李某从陈某家互换来的5亩承包地，并付给一定的征用补偿。但陈某看到政府补偿款时，他称承包地互换违法，阻挠李某领取该地的补偿费。为此，李某诉讼法院要求确认与陈某的互换协议有效，同时享有该5亩承包地的征用补偿款。

法院认为，原告之父与被告之间关于农村土地承包地的互换行为，是自愿流转的，是双方真实意思表示，是合法有效的，没有登记只是不能对抗善意第三人。根据《农村土地承包法》第38条规定："土地承包经营权采取互换、转让方式流转，当事人要求登记的，应当向县级以上地方人民政府申请登记。未经登记，不得对抗善意第三人。"以及《物权法》第 129 条规定："土地承包经营权人将土地承包经营权互换、转让，当事人要求登记的，应当向县级以上地方人民政府申请土地承包经营权变更登记；未经登记，不得对抗善意第三人。"《最高人民法院关于审理涉及农村土地承包纠纷案件适用法律问题的解释》第 14 条规定："承包方依法采取转包、出租、互换或者其他方式流转土地承包经营权，发包方仅以该土地承包经营权流转合同未报其备案为由，请求确认合同无效的，不予支持。"也就是说，土地承包经营权遵循的并非是登记生效主义，而是登记对抗主义，故即使土地承包经营权未经登记亦有效，这也可以在《物权法》第 127 条第 1 款规定的"土地承包经营权自土地承包经营权合同生效时设立"得到验证，故法院最终判决原告之父与被告承包地互换协议有效，原告作为法定继承人享有南头 5 亩承包地的承包经营权及征用土地补偿款。

第四章

农村常见合同纠纷案例解析

1. 土地承包合同无效，责任由谁来承担？

2010 年 12 月，村民李某与当时的村委会签订了一份土地承包合同。合同约定，村委会将村属的 15 亩承包地承包给李某经营，承包期限为 30 年。合同签订后，李某对所承包的土地进行了重新规划和整理，并在投资近 3000 元的承包土地上新打了一眼深井。2012 年 10 月，李某所在的村委会进行了换届选举。换届后的村委会以原村委会与李某所签订的土地承包合同没有召开村民大会，违反民主议定原则为由，将李某所承包的土地强行收回。李某将村委会告上法庭，要求确认合同有效，被告继续履行合同；如果确认合同无效，要求赔偿 2 万元经济损失。李某的要求合理吗？

法院经审理后认为，原告李某与原村委会之间签订的土地承包合同违反了民主议定原则，属于无效合同。原村委会在签订合同中存在明显过错，应当对因合同无效给原告李某造成的经济损失进行赔偿。但法院在判决中只对因合同无效给李某造成的直接损失作了认定，判决村委会赔偿李某整地和打井费用5000元，而对李某自行委托价格认证中心认证的不能继续履行合同后两年的土地可得利益损失13000元，以"属于期待利益，不是直接损失，且村委会有异议"为由，不予支持。

农村土地承包合同与其他合同相比，具有长期性特点，一般为30年。这种土地承包合同签订后，承包人为顾及长远利益，其初始投入往往较大，承包人的期待利益也是巨大的。一旦合同被确认无效，法院若仅仅支持承包方直接损失，而不考虑其间接损失，势必会损害农民的切身利益。以上案例中，对李某自行委托认证机构做出的间接损失认定，如双方有异议，法院可委托有鉴定资格的认证机构予以认证，并在合理幅度内根据双方的过错责任予以分担，而不应以"属于期待利益"为由不予支持。只要承包方的间接损失是可以预见并能预期取得的利益，就应支持，这也符合合同法中有关损失的赔偿原则。

2. 村委会私签合同是否有效？

2012年12月末，双庙村委会召开二组村民代表会议，专门讨论该组果园发包一事。但会议未能就果园承包期限、竞标底价等问题达成一致意见，代表们也未在会议记录上签字。2013年1月初，村委会张贴招标广告，明示将二组果园发包，并确定发包底价及期限。1月8日村委会又召开二组村民会议，但发包方案未被村民通过。而村委会于1月19日与他人签订了4份承包合同，将果园全部发包。二组村民不服，集体向法院提出起诉。村委会私签合同有效吗？

法院审理认为，村委会与他人签订果树承包合同，既未在村民代表会议上与村民代表形成一致意见，又未在全体村民集体会议上通过村委会公告的发包方案，发包程序不符合法律规定。根据有关法律规定，法院判决该4份果园承包合同均无效。

3. 合同双方当事人未在合同上盖章，合同是否成立？

2012年9月10日，甲公司派人去乙厂订货，双方签订购买某品牌西装的合同。约定：质量按样品规格，总货款为5万元，甲公司于10月30日前付款，乙厂收款后发货。甲公司的代理人与乙厂的业务员在合同上签字，并约定：乙厂先寄出样品，甲公司确认后在合同上盖章，合同才算成立，并将盖章后的合同寄回乙厂。此后乙厂未寄样品，甲公司也未在合同上盖章，当然合同也未寄回乙厂。10月20日乙厂发出了合同上约定的全部货物，10月25日甲公司在收到货物后虽然致函乙厂表示异议，但西装正是属于销售旺季，也就开包上柜销售。其后将销售的部分西装款项付给了乙厂，但仍有2万多元未付。12月中旬乙厂催要余款，甲公司要求退回剩余的西装，双方协商不成，发生争议，乙厂向法院提起诉讼。在诉讼中甲公司称其销售行为为代销，原来的合同未盖章根本不成立。那么甲公司与乙厂之间的买卖合同是否成立呢？

我国《合同法》第10条规定："当事人订立合同，有书面形式、口头形式和其他形式。法律、行政法规规定采用书面形式的，应当采用书面形式。当事人约定采用书面形式的，应当采用书面形式。"也就是说,我国《合同法》规定,合同的形式既可以是书面形式,也可以是口头形式和其他形式,但是如果法律、行政法规规定或者合同当事人约定采用书面形式的,应采用书面形式,否则将认定当事人之间合同不成立。

书面形式包括合同书、信件、电报、电传、传真、电子数据交换和电子邮件等可以有形地表现所载内容的各种形式。依《合同法》第 32 条、第 33 条规定,当事人如果采用合同书形式订立合同的,自双方当事人签字或者盖章时合同成立。采用其他书面形式订立合同的,可以在合同成立之前要求签订确认书,签订确认书时合同成立。

如果我国《合同法》中合同形式对合同成立的规定到此为止的话,那么前述的经济纠纷也就非常清楚了,即因合同的甲公司与乙厂未在合同上盖章,因此,依法律规定在盖章之前合同是不成立的。但是我国《合同法》第 36 条、第 37 条又分别规定:"法律、行政法规规定或者当事人约定采用书面形式订立合同,当事人未采用书面形式但一方已经履行主要义务,对方接受的,该合同成立。""采用合同书形式订立合同,在签字或者盖章之前,当事人一方已经履行主要义务,对方接受的,该合同成立。"在前述合同纠纷中,甲和乙两方虽未在合同上盖章,但乙方已履行主要义务即交付合同中约定的西装,甲已经开包上柜销售,其销售行为可以认定为接受了乙方的行为。因此,合同成立。至于甲方称是代销,因为代销需要双方的协商确认,而此纠纷中双方并未就代销进行协商,并无协议,因此,应不予认定。既然合同已成立,乙方履行了主要义务,甲方就应依合同约定的价格付清所余的 2 万多元货款。

4. 发出的订货单因报价略高，能否撤回修改？

某乡镇企业发出电函订购一批时令夏装，因自己报价比市面价格略高，因此，电话通知某生产厂家撤回该订货单，但生产厂家回电称该通知已迟，该厂已经为该订货单准备原料组织生产，并称该订货单有承诺期 15 天，因此既不能撤回该订货单，也不能撤销该订货单。

我国《合同法》第 16 条规定："要约到达受要约人时生效。"在要约未到达受要约人之前，并未生效。因此，依法可以撤回。但是撤回要约应发出撤回的通知，且撤回通知应当在要约到达受要约人之前或者与要约同时到达受要约人。

在上述的经济纠纷中，某乡镇企业发出的撤回要约通知已经迟到，即未在要约到达某生产厂家之前或者与要约电函同时到达，而是在要约函之后到达。因此，撤回通知已没有意义，因订货函已到达某生产厂家，因此，要约已经生效，不能撤回。

那么该企业能否撤销该订货函？我国《合同法》第 18 条规定："要约可以撤销。撤销要约的通知应当在受要约人发出承诺通知之前到达受要约人。"要约的撤销是指发出要约的一方在要约生效后，受要约人承诺之前，欲使该要约失去法律效力的意思表示。这种意思表示必须以发出通知的方式告知对方，且通知必须在受要约人发出承诺通知之前到达受要约人，这样才有可能撤销已生效的要约。为什么在这里用的是"可能"，而不是"可以"呢？因为《合同法》第 19 条又规定："有下列情形之一的，要约不得撤销：①要约人确定了承诺期限或者以其他形式明示要约不可撤销；②受要约人有理由认为要约是不可撤销的，并已经为履行合同作了准备工作。"前述经济纠纷中因该公司的订货函（即要约）确定了15天的承诺期限，因此在15天的承诺期内无权撤销要约，即无权撤销其订货函，只要某生产厂家在此15天内其承诺通知能到达该企业，该买卖合同即成立。

5. 未迟发但是迟到的承诺是否有效？

甲农机厂发信函到乙厂定做加工一台机床，要求在11月10日前给予答复，并在订货函中列明了规格、价格。乙厂接到订货函后，因此次加工的机床较为特殊，需内部技术鉴定，经技术鉴定后认为加工此机床完全没有问题，于是于10月29日发信函回复，表示接受此加工任务，但是因为邮寄部门的原因，使信件于11月12日才到达，甲农机厂认为承诺期已过，该承诺已无效。因此，未作任何表示。而乙厂未见甲农机厂的任何表示认为合同已成立，即组织人员按要约的要求加工机床，并于12月下旬完成机床的加工，电告甲农机厂提货付款，而甲农机厂以合同未成立为由拒绝提货付款，由此双方产生经济纠纷。

我国《合同法》第23条规定："承诺应当在要约确定的期限内到达要约人。"按此规定，承诺未在要约确定的期限内到达要约人的，应认定为承诺无效，该承诺应是一个新的要约。但是未在要约确定的期限内到达要约人有两种情况：一是受要约人超过承诺期发出承诺的，这种情况依《合同法》规定除要约人及时通知受要约人该承诺有效以外，为新要约，也就是在这种情况下的承诺一般应认定为一个新的要约，而不是承诺，只有在要约人及时通知受要约人该承诺可以有效的情况下，该承诺才可能有效。二是受要约人在承诺期内发出承诺，按通常情况也能在承诺期内到达要约人，但因其他原因使承诺到达要约人时超过承诺期，在这种情况下，除非要约人及时通知受要约人因承诺超过期限到达不接受该承诺，否则该承诺有效。因此，合同也成立，也就是这种情况下承诺一般应认定为有效，而不是一个新要约，只有要约人及时通知受要约表示不接受时，才可能是无效的。

前述的经济纠纷中，乙厂的承诺就属于前面两种情况中的第二种情况，即在要约规定的承诺期内做出承诺。甲农机厂的要约规定承诺期是 11 月 10 日前，而乙厂是在 10 月 29 日做出的承诺，是在承诺期内做出的承诺，按正常的邮寄情况应于 11 月 10 日前到达要约人，因邮寄原因而未到达，属于未迟发但迟到的承诺。对于这样的承诺，除非甲农机厂及时通知乙厂承诺超过 11 月 10 日不接受该承诺，否则乙厂的承诺生效，合同成立。而甲农机厂并未及时发出这样的通知，因此甲农机厂与乙厂之间的承揽合同成立，甲农机厂应接货付款，否则就是违约，应承担违约责任。

6. 订立合同时给对方造成损失是否应承担赔偿责任？

根据自愿原则，当事人可以自由决定是否订立合同，同谁订立合同，订立什么样的合同。为订立合同与他人协商，协商不成一般不需承担责任。但是协商时应遵循诚实信用原则，否则因此而给对方造成的损失应承担赔偿责任。我国《合同法》第 42 条规定："当事人在订立合同过程中有下列情形之一，给对方造成损失的，应当承担损害赔偿责任：①假借订立合同，恶意进行磋商；②故意隐瞒与订立合同有关的重要事实或者提供虚假情况；③有其他违背诚实信用原则的行为。"这是《合同法》规定的缔约过失责任，即因当事人在无意与对方订立合同的情况下，恶意进行谈判，使合同不能成立或不能生效所应当承担的责任。因此，在订立合同时，应否承担赔偿责任应考虑两个条件：一是是否违背诚实信用原则，恶意与他方订立合同；二是是否因前一个条件给他方造成损失。如果两个条件存在就应承担赔偿责任，若不存在就无需承担。

7. 合同于何时生效？什么情形下将导致合同无效？若合同被确认无效应如何处理？

甲公司销售伪劣白酒，乙公司在与甲公司签订买卖合同时，要求甲公司在白酒的包装上贴上名牌酒的商标及标识，以便于销售。约定购买的白酒数量是 5 万瓶，每瓶单价 3 元，共计 15 万元，交货后付款。在履行合同中甲方依约交付 5 万瓶酒，而乙方称资金紧，暂付 10 万元，余额 5 万元 10 天后付清，10 天后乙方仍未能付清余款，因此双方产生经济纠纷。

我国《合同法》第 44 条、第 45 条、第 46 条分别规定了合同生效的时间，依法成立的合同，自成立时生效；法律、行政法规规定应当办理批准、登记等手续生效的，依照其规定。若当事人对合同的生效约定附条件的，自条件成立时生效。若当事人约定附期限生效的，自期限届满时生效。

合同的生效就是在合同当事人之间产生了合同的约束力，双方因合同的约定享有法律保护的合同权利和依法应履行的合同义务。但是并不是所有订立的合同都能生效，有些合同依法就不生效，不具有法律约束力，不会在当事人之间产生法律保护的合同权利和依法应履行的合同义务，这类合同称为无效合同。什么情形会导致合同当事人订立的合同无效？我国《合同法》第 52 条规定："有下列情形之一的，合同无效：①一方以欺诈、胁迫的手段订立合同，损害国家利益；②恶意串通，损害国家、集体或者第三人利益；③以合法形式掩盖非法目的；④损害社会公共利益；⑤违反法律、行政法规的强制性规定。"第 53 条规定："合同中的下列免责条款无效：①造成对方人身伤害的；②因故意或者重大过失造成对方财产损失的。"第 52 条规定的情形将导致合同全部无效，第 53 条的规定将导致合同某个条款无效。

确认合同无效的权力属于人民法院和仲裁机构。合同一旦被确认无效即从订立之日起就没有法律约束力，若只是部分无效，不影响其他部分的效力。合同无效后，因该合同取得的财产，应当予以返还；不能返还或没有必要返还的，应折价补偿。有过错的一方应赔偿另一方因合同无效所受到的损失，双方都有过错的，应当各自承担相应的责任。当事人恶意串通，损害国家、集体或第三人利益的，取得的财产收归国家所有或返还集体、第三人。

甲公司与乙公司订立的伪劣白酒合同，违反了《合同法》第 52 条第 2 款的规定，即恶意串通，买卖假酒，危害消费者的身体健康，侵犯他人的商标权，扰乱正常的市场秩序，应确认该合同无效。因该合同的当事人甲方和乙方恶意串通，损害第三人利益。因此，双方取得的财产不能互相返还，而应返还给受危害的第三人即消费者或商标权利人。工商行政部门可以根据情况予以行政处罚，构成犯罪的应追究刑事责任。

8. 如果合同中对质量、履行地点、履行期限、履行费用的负担未约定或约定不明确的应如何确定？

如果合同当事人对质量、履行地点、履行期限及履行费用的负担未作约定或约定不明确的应按《合同法》第61条规定，首先由双方就不明确的内容签订补充协议；若不能达成补充协议的，按合同有关条款或双方的交易习惯确定；两种方法都不能确定时，按《合同法》第62条规定的规则确定：①质量要求不明确的，按照国家标准、行业标准履行；没有国家标准、行业标准的，按照通常标准或者符合合同目的的特定标准履行。②履行地点不明确，给付货币的，在接受货币一方所在地履行；交付不动产的，在不动产所在地履行；其他标的，在履行义务一方所在地履行。③履行期限不明确的，债务人可以随时履行，债权人也可以随时要求履行，但应当给对方必要的准备时间。④履行费用的负担不明确的，由履行义务一方负担。

9. 合同成立之后，是否可以修订、补充？

甲、乙两公司订立计算机买卖合同。公司约定由甲公司向乙公司提供计算机1000台，乙公司用于零售。合同约定1000台计算机分两个月提供。合同订立之后，乙公司因计算机市场价格的变化，提出修改合同要求，要求甲公司将1000台计算机改在一个月内提供。甲公司考虑到自己公司的生产能力及供货情况，并无把握在一个月内供应 1000 台,于是给乙回复称:"尽量吧。"在履行期到来时甲公司依约向乙公司提供了第一个月的 500 台计算机。乙公司认为原合同已经修改,甲公司应将 1000 台计算机一次性供足,由此双方产生纠纷。

我国《合同法》第 77 条规定:"当事人协商一致,可以变更合同。法律、行政法规规定变更合同应当办理批准、登记手续的,依照其规定。"《合同法》中的合同变更就是指合同当事人经过协商对原有合同的修改和补充。因此,合同依法成立之后,合同可以进行修改和补充,但是必须经当事人的同意,不能一方擅自变更合同,未经另一方同意而单方变更合同的为无效行为。如果法律、行政法规对修改和补充合同有特殊要求的,比如要求登记、批准等,应在协商一致的基础上依法律的特殊要求办理。如果合同当事人对合同变更的内容约定不明确的,应认为是合同变更了呢?还是未变更呢?对此《合同法》第 78 条规定,应推定未变更,依原合同履行合同义务。

前述纠纷中,乙方提出变更合同的请求,甲方是否同意了呢?若同意了,即表示甲乙双方对变更合同取得一致,合同作了修改,甲方就应按修改后的合同履行;若没有同意,则双方协商未达成一致,合同未作变更,甲方只需按原合同履行即可。甲方在接到乙公司的请求时做出的回复:"尽量吧。"是答应了乙方的修改合同请求呢?还是没有答应呢?既然不明确,就依《合同法》第 78 条规定推定合同未变更,即甲方仍可按原合同约定分 2 个月供应计算机。因此,甲企业在第一个月供应 500 台完全符合合同约定,应给予支持。

10. 一方迟延履行合同义务，另一方未经催告，对方能否主张解除合同？

甲商场和乙生产厂家订立了500公斤月饼的买卖合同。双方约定在农历八月十五日前3周开始供货，第1周和第2周各150公斤，第三周200公斤，货到付款。合同订立后，乙厂并未按约定的期限交付月饼，在离八月十五日还有2天时，乙方电话通知甲商场，500公斤月饼本日将全部送到。甲商场考虑到本商场的销售能力，预计在2天的时间内很难销售500公斤月饼，而一旦中秋节过去，月饼将滞销。因此，电话回复乙方，因乙厂迟延履行合同决定解除合同，而乙厂不同意解除合同，甲乙双方就解除合同的效力产生了异议，乙方诉至法院。那么甲方在未催告乙方的情况下能否通知乙方解除合同呢？

我国《合同法》第94条规定了合同一方当事人在法定情形下有权单方通知另一方解除合同，其中第四种情形就是："当事人一方迟延履行债务或者有其他违约行为致使不能实现合同目的。"在这种情形中规定当事人单方决定解除合同的条件有两个：一是一方迟延履行债务或其他违约行为；二是这种违约导致合同目的不能实现。在这两个条件具备时并不需催告违约方，也不需给其宽限期，可以直接通知违约方解除合同，这是这种违约行为的结果决定的，即这种违约行为不是一般的违约行为，即使是迟延履行也不是一般的迟延履行，而是严重的违约，其后果致使合同目的不能实现，因此，当事人就不需像《合同法》第94条中第三种情形一样要催告，而可以直接通知违约方解除合同。

本合同纠纷中,乙方的违约行为就是迟延履行义务,致使合同义务不能实现。因为甲商场订购的月饼是用于中秋节之前销售的,属于节日商品,一旦节日过去,将很难销售,甲商场的合同目的就是希望在中秋节前赶上一个销售旺季,可因乙方的违约,甲方的合同目的不能实现。因此,依《合同法》第94条第四种情形的规定,甲商场有权不经催告直接通知乙厂解除合同,其受到的损失还可以要求乙厂赔偿。

11. 违约方赔偿了对方的经济损失后,是否就可以不必再履行合同义务?

甲农家乐饭店与乙服装加工厂订立工作服加工合同。合同约定了工作服的规格、质量、数量、加工费的金额及支付办法,同时约定了工作服分三批交付。合同订立之后,乙服装加工厂组织加工,并按约定的期限交付了第一批工作服,经验收合格。当依约定交付第二批工作服时,甲农家乐饭店发现其质量与第一批相差甚远,根本不符合合同约定的规格和质量标准。对此双方产生争议,甲农家乐饭店要求第二批服装重做,第三批继续履行,且赔偿因此而遭受的损失。乙服装加工厂则愿意承担损失赔偿责任,称其赔偿了甲的损失后,双方的加工合同即告终止,无义务再继续履行合同。那么乙服装加工厂赔偿了甲饭店的损失后,是否还要继续履行加工义务呢?

我国《合同法》第110条规定:"当事人一方不履行非金钱债务或者履行非金钱债务不符合约定的,对方可以要求履行,但有下列情形之一的除外:①法律上或者事实上不能履行;②债务的标的不适于强制履行或者履行费用过高；③债权人在合理期限内未要求履行。"此条款的规定是当一方当事人违约时，另一方如需要违约方继续履行合同义务，而违约方事实上依法完全有条件和能力履行时，只要合同一方提出此要求违约方就应该依法继续履行合同义务。在本合同纠纷中乙服装加工厂因已依约完成了第一批服装的加工任务，完全有条件和能力继续完成第二批和第三批服装的加工，而甲农家乐饭店也需要乙厂继续履行合同并对此提出了要求。

因此，乙厂依法应继续履行合同约定的加工任务。在本合同纠纷中，甲农家乐饭店又提出了赔偿的要求，而乙厂也愿意承担赔偿责任，可同时称赔偿了甲农家乐饭店的损失，双方之间的合同终止，不需再履行合同义务。法律对此又有何规定呢？我国《合同法》第112条规定："当事人一方不履行合同义务或者履行合同义务不符合约定的，在履行义务或者采取补救措施后，对方还有其他损失的，应当赔偿损失。"

由此款规定可以看出继续履行合同义务和赔偿损失是不相矛盾的，是可以并用的，未违约的合同当事人在要求违约方继续履行合同义务的同时，可以要求赔偿损失，违约方在承担了损失赔偿责任后，只要合同另一方当事人需要并提出继续履行的要求，而违约方又有能力继续履行合同义务，依法应继续履行，损失赔偿不能代替对合同的继续履行。因此，甲农家乐饭店依法有权要求乙厂继续履行加工合同并赔偿其损失，而乙厂依法有义务在承担了损失赔偿责任之后，继续履行合同义务，按约定的规格、质量、数量和时间交付第二批、第三批工作服。

12. 双方在合同中约定了违约金比例或金额，在一方违约时，是否一定按约定的违约金执行？

某外贸企业(下称甲方)由于出口需要与某土产企业(下称乙方)订立栗子收购合同。合同对栗子的数量、质量、价格和交货期限等做出了约定，同时为了约束双方，约定违约金为 10 万元。3 个月后甲方依约要求乙方履行交货义务，可是由于当年栗子国际市场行情上涨，国内市场的收购价格也上涨，乙方遂以高于合同约定的价格出售给了另一家外贸企业，使甲方不得不以高于原合同的市场价格另行收购出口所需的栗子。为此，造成甲方 4 万多元的损失。那么乙方是否一定要按合同约定向甲方支付 10 万元的违约金呢？

我国《合同法》第 114 条规定："当事人可以约定一方违约时应当根据违约情况向对方支付一定数额的违约金，也可以约定因违约产生的损失赔偿额的计算方法。"根据此规定双方当事人可以在合同中约定违约金以作为违约一方承担违约责任的方法，但约定的违约金主要是为了弥补损失的，那么如果预先约定的违约金金额与违约造成的损失额不一致，这时是否一定按约定的违约金金额执行呢？对此《合同法》第 114 条第 2 款规定："约定的违约金低于造成的损失的，当事人可以请求人民法院或者仲裁机构予以增加；约定的违约金过分高于造成的损失的，当事人可以请求人民法院或者仲裁机构予以适当减少。"因此，双方当事人约定的违约金如果与违约行为所造成的损失相差较大时，依法可以作相应的增加或减少，并不是一定按约定的违约金金额执行。

本合同纠纷中甲乙双方在合同中约定的违约金金额是 10 万元，而乙的违约实际上给甲造成的损失是 4 万多元，因此约定的违约金过分高于造成的损失。因此，乙方依法可以请求人民法院或者仲裁机构予以适当减少，而并非一定得支付 10 万元违约金。

13. 买卖合同中标的物的所有权何时由卖方转移到买方？

甲、乙两企业签订了某房屋买卖合同。合同订立之后，甲企业（卖方）就将房屋的钥匙交给了买方乙企业，乙企业按约定将在 1 个月内付清全部房款后办理房产过户手续，在此期间房屋失火，造成重大损失，原有的房屋已失去利用的价值，乙企业以房屋仍然是甲企业的为由拒付房款，而甲企业以合同订立，乙企业已拿走钥匙，房屋已交付为由，认定乙企业是房屋的所有人，房屋的所有权已转移于乙企业，乙企业应依约付房款。双方就房屋的所有权是否转移而产生纠纷。

买卖合同中的买方支付价款的目的是取得标的物的所有权，出卖方是通过出让标的物的所有权取得价款，所以标的物的所有权转移是买卖合同的基本问题，也是关系到买卖双方切身利益能否实现的问题。那么合同标的物的所有权何时转移呢？我国《民法通则》第 72 条第 2 款规定："按照合同或者其他合法方式取得财产的，财产所有权从财产交付时起转移，法律另有规定或者当事人另有约定的除外。"我国《合同法》继承了《民法通则》的规定，在第 133 条中规定："标的物的所有权自标的物交付时起转移，但法律另有规定或当事人另有约定的除外。"同时在第 134 条中规定："当事人可以在买卖合同中约定买受人未履行支付价款或者其他义务的，标的物的所有权属于出卖人。"因此买卖合同的标的物所有权转移时间有下列三种情形：

（1）当事人有约定的，依照其约定。当事人依《合同法》第134条规定，可以约定买方未支付价款或者其他义务的，即使已占有标的物，标的物的所有权仍属于卖方，只有支付了价款或者履行了其他约定的义务，标的物的所有权才转移于买方。

（2）法律有特别规定的，依其规定。主要指有些法律规定一些特定的标的物的所有权需要在办理有关法定手续后才能转移，在办理法定手续之前，即使标的物的占有权已转移于买方，但所有权仍不发生转移。这些特定标的物主要指不动产及车辆、船舶、航空器等特定的动产。

（3）法律规定的一般原则。我国《民法通则》第72条和我国《合同法》第133条规定，标的物的所有权自标的物交付时起转移，但法律另有规定的或当事人另有约定的除外。即若当事人没有在合同中就标的物的所有权做出约定，法律对此标的物所有权的转移也未做出特别规定，那么该标的物的所有权自标的物交付给买方时转移于买方。

在前述的合同纠纷中，标的物为特定的财产，即不动产，其所有权的转移有法律的特别规定，即不动产所有权的转移是在办理了产权的过户手续后才完成的，在未办理产权过户手续，也就是房产变更登记前，即使是乙方作为合同的买方拿到了房屋钥匙，仍然未取得房屋的产权，所以甲乙双方订立的房屋买卖合同中的房产因还未办理过户登记手续，所以仍然属于卖方即甲企业的，既然甲企业不能在实际上和法律上交付标的物，乙企业就当然可以不付价款。

14. 买方在收到货物 1 年后又提出货物质量异议，能否得到法律的保护？

某机械设备厂与某企业签订设备买卖合同，双方就设备的规格、价格、交付时间、履行方式等做出了详细的约定。某企业按合同约定交付了设备。双方在合同中未约定检验期间，机械设备厂在接受设备后经初步检验也未发现质量上有问题，经安装后开始投产使用。在使用之初未达到设计标准，机械设备厂认为是自己的操作不符合要求所致，所以未就设备质量提出任何异议。但在经过多方改进和努力后发现，设备投产后达不到设计标准，是因为某企业提供的设备有质量问题，此时已是机械设备厂收到设备 1 年之后，机械设备厂还能否向该企业提出设备的质量异议，若提出该企业应否承担法律责任？

我国《合同法》第 157 条规定："买受人收到标的物时应当在约定的检验期间内检验。没有约定检验期间的，应当及时检验。"第 158 条第 2 款规定："当事人没有约定检验期间的，买受人应当在发现或者应当发现标的物的数量或者质量不符合约定的合理期间内通知出卖人。买受人在合理期间内未通知或者自标的物收到之日起两年内未通知出卖人的，视为标的物的数量或者质量符合约定，但对标的物有质量保证期的，适用质量保证期，不适用该两年的规定。"

在上述的合同纠纷中，机械设备厂与某企业订立的设备买卖合同中未约定检验期间，因此就应依《合同法》第 158 条第 2 款的规定执行，此款中规定买受人在合理期间内未通知或者自标的物收到之日起2年内未通知出卖人的，视为标的物的数量和质量符合约定。因此，在没有其他特殊情况下，买受人可以在收到标的物之日起2年内向出卖人提出标的物数量或质量方面的异议。机械设备厂在发现设备有质量问题时，是在收到某企业提供的设备1年之后，并未满2年。因此，机械设备厂可以向某企业提出设备质量异议，某企业也应因此承担相应的法律责任。但是如果此设备有质量保证期的，适用质量保证期，不适用该2年的规定。

15. 凭样品交货的，若样品有质量问题，而交付的货物与样品相同时，买方能否提出异议？

甲企业(买方)与乙厂(卖方)签订某品牌西装买卖合同。合同约定了西装的规格、布料的含毛量、数量、价格及交货和付款的方式和时间，同时约定按样品交货，样品封存。乙厂依约定的时间将西装交付于甲企业，甲企业经验收西装与样品相符，但西装布料的含毛量与合同约定不符，远远低于合同约定，使西装质量严重下降。对此甲企业向乙厂提出西装质量异议，而乙厂称该合同是凭样品交货的合同，只要所交货物与样品相同，即是履行了合同义务，甲企业无权提出异议。那么依《合同法》规定甲方能否提出质量异议呢？

凭样品买卖，是按货物样品确定买卖标的物的买卖。出卖人交付的货物应当与当事人保留的样品具有相同的品质，因此标的物的品质与货样相同是当事人关于标的物品质的约定。我国《合同法》第168条规定："凭样品买卖的当事人应当封存样品，并可以对样品质量予以说明。出卖人交付的标的物应当与样品及其说明的质量相同。"但在第 169 条中又规定："凭样品买卖的买受人不知道样品有隐蔽瑕疵的，即使交付的标的物与样品相同，出卖人交付的标的物的质量仍然应当符合同种物的通常标准。"因此，按《合同法》的规定，即使交付的货物与样品相同，担保交付的货物没有质量瑕疵的义务仍然适用于出卖人，而不论出卖人是否知道样品存在隐蔽的瑕疵。如果出卖人明知该瑕疵而故意隐瞒，则甚至可以构成对买受人的欺诈。

在上述的合同纠纷中，合同中明确规定了西装布料的含毛量，但所提供的样品达不到合同所规定的质量标准。因此，出卖人所提供的样品是存在质量瑕疵的。甲企业并不知道乙厂提供的样品有质量瑕疵，依《合同法》规定乙厂交付的西装虽然与样品相符，但因与合同约定的质量不符，有瑕疵，所以甲企业依法有权对西装质量提出异议，要求乙厂承担违约责任，降低西装价格，赔偿其经济损失。

16. 分批交货的，若其中一批货物不符合约定，买方是否可以依法解除合同？

某外贸企业(下称甲方)与某农村承包户(下称乙方)签订了生姜收购合同。因收购的生姜用于出口，所以质量要求非常严格。合同约定：乙方分五批交付货物，每交付一批生姜甲方就支付一批货款。乙方按合同约定交付了第一、第二批生姜，甲方未提出任何异议，且按约付了款项。但乙方交付第三批生姜后，甲方提出了质量异议，认为生姜水分过大，运输途中容易霉烂，提出解除第三批生姜合同，退回生姜，而乙方认为水分多说明生姜新鲜，并无大碍，不同意退回生姜，双方因此产生纠纷。甲方依法是否可以解除该批生姜合同，退回生姜？

我国《合同法》在第 166 条第 1 款中规定："出卖人分批交付标的物的，出卖人对其中一批标的物不交付或者交付不符合约定，致使该批标的物不能实现合同目的的，买受人可以就该批标的物解除。"在本合同纠纷中甲方收购生姜是为了出口，运输时间较长，因此保证生姜路途不霉烂是非常重要的，而生姜水分的大小是其中的重要因素之一。乙方交付的第三批生姜水分过大，不符合约定，致使甲方不能达到该批生姜的出口目的，甲方依法可以就该批生姜要求解除，退回生姜。

17. 贷款人是否可以要求借款人提供财产抵押？哪些财产可以提供财产抵押？

王二干个体经营，由于资金周转问题，向其朋友丁旺借款，丁旺说借款可以，但必须有物抵押以保证到期还本付息。在此之前，王二因与刘海签订加工承揽合同，刘海为保证其按时交付王二的加工费，将自己的一辆汽车交与王二做抵押。王二遂将这辆汽车做了与丁旺的借款抵押，与丁旺达成了借款协议。结果刘海如期付清加工费，将该辆汽车收回，而王二经营不善，丁旺不能如期得到还款，抵押权也得不到实现。

《合同法》第 198 条规定："订立借款合同，贷款人可以要求借款人提供担保。担保依照《中华人民共和国担保法》的规定。"

王二向丁旺借款，王二是借款人，丁旺是贷款人，根据《合同法》第198条的规定，贷款人丁旺完全可以向借款人王二要求提供担保。至于担保的方式，根据《担保法》的规定有：保证、抵押、质押、定金和留置5种方式，采用哪一种担保方式，由担保合同当事人双方协商自由选择。财产抵押是一种合法的担保方式，所以贷款人可以要求借款人提供财产抵押。

根据《担保法》的规定，下列财产可以抵押：①抵押人所有的房屋和其他地上附着物；②抵押人所有的机器、交通运输工具和其他财产；③抵押人依法有权处分的国有的土地使用权、房屋和其他地上附着物；④抵押人依法有权处分的国有的机器、交通运输工具和其他财产；⑤抵押人依法承包并经发包方同意抵押的荒山、荒沟、荒丘、荒滩等荒地的土地使用权；⑥依法可以抵押的其他财产。但是，并不是所有可作抵押的财产都可作抵押担保的。

对本案中的汽车，王二虽然拥有抵押权，但并不等于能够对其行使抵押权、享有处分权，只有刘海不能履约时，王二才能行使抵押权，对该车进行处分。根据《担保法》的规定，对无权处分的财产其占有人不能设置抵押，同时根据《担保法》第50条"抵押权不得与债权分离而单独转让或者作为其他债权的担保"的规定，本案王二将该汽车作为与丁旺贷款合同的财产抵押担保是违法的，此抵押合同无效。

18. 借款人未按约定的用途使用借款，贷款人是否可以解除合同？

某机械设备厂向某工商银行申请贷款400万元作流动资金用，并提交了主管部门的准许增加流动资金批文。银行同意贷款，但要机械设备厂提供保证人，机械设备厂于是找一企业做保人。银行承认该企业的担保能力，遂与机械设备厂签订了 400 万元的借款合同。但 400 万元转入机械设备厂的账户后，银行发现其将 50 万元移作购买汽车，120 万元用作单位基建，便通知机械设备厂不得将贷款移作他用，立即停止购买汽车、停止基建。机械设备厂口头答应改正，而实际上并没停止。银行见状提出解除合同，收回贷款。机械设备厂由于已经将 120 万元投入基建，无法偿还贷款，银行转向担保企业追偿，但担保公司称合同未到期，只有到期了机械设备厂不履行还贷业务他才代为偿还，银行无奈诉之法院。

《合同法》第 203 条规定："借款人未按照约定的借款用途使用借款的，贷款人可以停止发放借款、提前收回借款或者解除合同。"

贷款人的贷款行为属于商业行为，贷款人根据贷款用途来确定借款人的偿还能力，从而同意贷款。如果借款人擅自改变借款用途，可能导致贷款人到期不能收回贷款。所以，借款人如果未按约定用途使用借款，将借款挪作他用，实为违约行为，有损贷款人的利益。在借款人违约的情况下，为了确保贷款人的权利，《合同法》第 203 条明确规定允许贷款人采取补救措施：停止发放贷款、提前收回贷款或者解除合同。

本案机械设备厂不按合同规定用途使用借款，将借款移作他用，严重违约，损害了该工商银行的利益。因此，该银行有权采取措施，与机械设备厂解除借款合同。至于机械设备厂将所借部分款项移作单位基建款项，没有还贷能力，银行可以向该担保企业要求偿还。因为保证人担保的范围不仅包括担保主债权和利息，即期满代为还贷付息外，还应担保被保证人违约责任，即因被保证人违约提前解除合同，期未满被要求还贷不能时，承担保证责任。所以，该担保企业应向该工商银行承担还贷的责任。

19. 自然人之间未约定支付利息的，应如何确定利息？

村民李长春因购买汽车搞个体运输急需用钱，向银行贷款未果，便找其同村好友宋玉河借5000元，声称半年内一定还款，宋遂借与李5000元。半年后，宋因建新房资金不够，向李要求还钱。但此时李手头资金紧缺，无法立即偿还，心中非常焦急不安。其叔李为军得知此事后与宋玉河商定由其代李长春还款。李为军替李长春还款后，告知李长春："5000元钱我已替你还了。"李长春非常感激其叔叔，并表示一定尽早将5000元钱还与叔叔。后来，李为军承包了鱼塘，需要投资，遂向李长春借6000元钱，遭李长春拒绝。李为军一怒之下，要求李长春立即归还5000元，并以7%的年利率支付利息，而李长春只偿还了5000元，利息拒付。

《合同法》第211条规定："自然人之间的借款合同对支付利息没有约定或者约定不明确的，视为不支付利息。"

自然人之间的借款合同不同于以法人为主体一方的借款合同。以法人为主体一方的借贷行为是一种商业行为，因此不允许无偿借贷，而自然人之间的借贷并不一定都具有商业性质，可以有偿，也可以无偿。所以，如果自然人之间订立的借款合同对支付利息没有约定或者约定不明确的，视为不支付利息。另外，最高人民法院《关于贯彻执行〈中华人民共和国民法通则〉问题的意见》对自然人之间的无息贷款亦做出明确规定，公民间的无息借款，有约定偿还期限而借款人不按期偿还，或者未约定偿还期限但经出借人催告后，借款人仍不偿还的，出借人要求借款人偿付逾期利息的，应当予以准许。

本案中李长春与李为军之间存有明显的借贷关系。当李为军对李长春说"5000元钱我已替你还了"，李长春表示要尽早将5000元还与叔叔时，表明李长春与李为军之间借贷合同形成，这是一个没有约定期限和利息的借款合同。对于没有约定还款期限，依据《合同法》第206条规定李为军可以随时向李长春要求偿还5000元的本金；而对于利息，由于两人既没有约定利息，也没有约定期限，且在李为军催告李长春还款后，李长春已还清欠款，所以，应认定李长春不支付利息，也不承担偿付逾期利息。

20. 租赁物在租赁使用期间受损，出租人是否可以要求承租人赔偿？

某农户（出租方）与某幼儿园（承租方）签订了一份房屋出租合同。合同规定由出租方在半个月后提供400平方米的教室租赁给承租方使用，双方约定该教室只能作教室使用，出租方供水供电，任何一方违约必须支付违约金1万元。半个月后合同及时履行，然而承租方在房屋使用1个月后，感觉400平方米全部用于教室太浪费，于是，在该教室的一端垒了一道隔墙，隔出约80平方米分成6个房间作办公室和宿舍，用60平方米建了一个茶炉和厨房。茶炉和厨房由于烧水、做饭造成1/3的墙壁脱落和被熏黑弄脏。出租方知道此情况后向其指出校舍就是校舍，不能把教室的结构破坏掉，要求其立即拆除隔墙，拆掉茶炉和厨房，但承租方以种种理由拖延不办。出租方遂解除租赁合同，其家人强行拆除教室的隔墙，并要承租方赔偿损失 2 万元，支付违约金 1 万元。

《合同法》第 217 条规定："承租人应当按照约定的方法使用租赁物。"第 219 条规定："承租人未按照约定的方法或者租赁物的性质使用租赁物，致使租赁物受到损失的，出租人可以解除合同并要求赔偿损失。"第 218 条规定："承租人按照约定的方法或者租赁物的性质使用租赁物，致使租赁物受到损耗的，不承担损害赔偿责任。"

承租人与出租人订立租赁合同的目的就是使用租赁物，有时也是为了获得一定利益。在租赁期限内，承租人占有、使用租赁物，必然会使租赁物受到损耗。也正是这种损耗的支出，即租赁物使用价值的降低，才使出租人获得相应的租金。所以，租赁期限届满时，租赁物发生一定程度的损耗，是租赁双方在订立租赁合同时就应有的预期。但是，租赁物的使用方式不同，租赁物的损耗程度也就会大不相同。因此，关于租赁物的使用方法条款是租赁合同的主要条款，同时又是承租人的约定义务和法定义务，承租人必须严格履行。如果承租人不按约定的方法或租赁物的性质使用租赁物，则属违约，出租人可以采取救济措施：要求支付违约金、解除合同、请求赔偿。如果承租人按照约定的方法或者租赁物的性质使用租赁物，使租赁物发生一定程度的损耗，则属租赁双方的合理预期，承租方不承担赔偿责任。

本案承租方幼儿园不仅没有按照与出租方某农户签订的租赁合同中规定的方法使用房屋，即作教室用，而且擅自将教室进行改造，改建有茶炉、厨房、办公室和宿舍，破坏了教室的原有结构,属严重违约行为,而且由于茶炉和厨房的使用,给租赁物造成了不应有的损坏,所以该农户有权利提出解除合同要求,要求幼儿园支付违约金,将隔墙、茶炉、厨房拆除,使租赁的房屋恢复原状,有权要求幼儿园承担拆除隔墙所支付的民工费用,并赔偿由于其违约行为而造成的房屋损害。

21. 租赁物在租赁期间转让的,原租赁合同是否继续有效?承租人是否有优先购买权?

某大学教师江杰与某镇办酒厂职工王红喜结良缘,学校分配给江杰一套 1 室 1 厅住房,但王红离单位太远,又经常上夜班,因此,小两口的生活、工作有诸多不便。与其情况相似,酒厂车间主任马明之妻周华在学校附近工作,住县房产管理局的公房,该公房离酒厂很近,江杰征得学校领导同意与马明的 1 室 1 厅公房相互对换,并各自办理了租赁更名、过户等手续。后来,学校根据教职员工的要求,将所属公房折价卖与本校人员,并规定凡属本校工作人员,无住房或住房拥挤户可优先购买。学校在未征得马明同意的情况下,便将其居住的 1 室 1 厅公房卖与本校人员刘海涛,刘海涛持买房合同书到县房产管理局办理了房屋过户手续,领取了房屋所有权证书。随后刘海涛持房屋买卖合同及房产证通知马明搬迁让房,马明以该房为对换取得并办理了有关手续为由予以拒绝,并提出对该房享有优先购买权。

《合同法》第 229 条规定:"租赁物在租赁期间发生所有权变动的,不影响租赁合同的效力。"第 230 条规定:"出租人出卖租赁房屋的,应当在出卖之前的合理期限内通知承租人,承租人享有以同等条件优先购买的权利。"租赁物所有权的变动不影响租赁合同的效力。如果法律允许租赁物的变动影响租赁合同的效力，则租赁法律关系将始终处于一种变动状态，出租人作为所有权人，有权处分其作为租赁物的财产，而承租人作为租赁物的使用人却无可奈何，这对于承租人来说是极为不公平的。

继续保持租赁法律关系的存续，对买受人与受赠人并无不公。所以，租赁物所有权的变动不影响租赁合同的效力。

租赁合同是出租人转让财产使用权的合同。出租人出租租赁物后，并不丧失对租赁物的处分权。但这种权利的行使并非绝对，否则就会在一定程度上损害承租人的权利，从而使承租人的权利状态长期处于不稳定状态。房屋既可以是生活资料，也可以是生产资料，是重要的不动产，出租人出卖租赁房屋时，必须在出卖之前合理的时间内通知承租人，以利于承租人做好必要的准备工作，在支付价格、支付手段、支付期限等条件与其他购买人相同的情况下，承租人可以优先取得购买权。

本案由于马明承租学校房屋的特殊情况，一是马明与江杰相互交换承租房屋，二是征得学校领导及有关房产管理部门的同意，因此学校应对马明的承租权予以尊重，未经其事先同意不得单方擅自终止租赁关系。本案房屋买卖是一种合同行为，因此，必须符合《合同法》第230条的规定，也就是说出租人——学校在出卖该租赁房屋前，必须在合理的期限内通知马明，以便马明作好准备，选择是否行使优先购买权，由于学校没有提前通知马明有关卖房问题，致使马明无法行使同等条件下的优先购买权。因此，虽然学校与刘海涛已买卖了房屋，且办理了房产登记手续，但该买卖行为无效，刘海涛不能取得该房所有权，马明可以对该房行使优先购买权。

22. 承租人能否自行转租租赁物？

某机械设备厂与某煤矿签订了1份吊车租赁合同，规定由煤矿提供2辆8吨吊车给机械设备厂，租期1年，租金4万元，分4次支付。机械设备厂租赁使用3个月后，发现自己厂里的生产任务有1台吊车就行了，多余的1台本想退还给煤矿，但因已交了第2批租金，退还吊车可能退不回租金了，于是，决定继续租用2台吊车，但将1台转租给某建筑工程企业，租期9个月，租金2.2万元。为此事还跟煤矿打了招呼，煤矿表示研究一下。吊车租给建筑工程企业后的第3天，由于建筑工程企业的吊车手不谙吊车性能，操作中造成吊车倾覆的事故，造成吊车报废，直接损失20万元。煤矿闻讯后，指责机械设备厂违约将吊车擅自转让给第三人使用，遂解除合同，收回吊车，并要求机械设备厂赔偿被报废的吊车。

《合同法》第224条规定："承租人经出租人同意，可以将租赁物转租给第三人。承租人转租的，承租人与出租人之间的租赁合同继续有效，第三人对租赁物造成损失的，承租人应当赔偿损失。承租人未经出租人同意转租的，出租人可以解除合同。"

承租人转租必须取得出租人的同意，租赁关系的当事人为出租人与承租人，转租发生后，虽然涉及三方面的关系，即出租人、承租人（转租人）和次承租人，但转租行为实际涉及两个法律关系，其一为出租人与承租人之间的法律关系，其二为承租人与次承租人之间的法律关系。出租人与次承租人没有直接的法律关系，所以，租赁关系的当事人并没有发生变化，仍然是出租人和承租人。但是，租赁物的使用却发生了变化，使用人变成了次承租人。这一变化与出租人的利益有着直接的利害关系，因此，承租人转租须征得出租人同意，未经出租人同意，承租人不得转租，承租人擅自转租的，出租人可以解除合同。经出租人同意后转租的，原租赁合同继续有效，承租人仍需向原出租人承担义务，如果由于第三人的原因造成租赁物损失的，承租人应承担相应的损失。

本案机械设备厂将其多租的 1 台吊车，在没有征得煤矿同意的情况下就转租给了建筑工程企业，虽然机械设备厂就转租这一事项在事后向煤矿打了招呼，但煤矿并没有立即表示同意，而是表示要研究一下，在煤矿没有明确表态的情况下，机械设备厂把其多租的吊车转租给建筑工程企业，这是严重的违约行为，机械设备厂与建筑工程企业的转租合同无效，机械设备厂有权解除该租赁合同。至于建筑工程企业的不正当操作导致吊车报废，造成煤矿 20 万元损失，对此损失机械设备厂应承担赔偿责任。

23. 发包方行使检查权时，对承包方违约没有制止，可否要求赔偿全部违约损失？

某水电站（发包方）经上级机关批准，与某建筑企业（承包方）签订了一水库拦水大坝的建筑工程承包合同。合同规定发包方提供坝址水文地址资料，由承包方设计、施工，并实行包工包料，工程造价 650 万元。开工时，发包方预付 10%的工程款计 65 万元。合同还规定，承包方必须严格依发包方提供的水文地址资料设计，运用自己的设备、技术力量组织管理和施工。承包方还需接受发包方现场管理人员的安排，现场管理人员代表发包方检查验收相关工程，监督发包方执行合同。开工不久，承包方将部分建筑承包工程转包给某施工队，发包方现场代表发现并未制止。工程提前竣工，并初步验收，进行决算。第二年夏季我国中原北部普降暴雨，拦水大坝有 20 多米被洪水冲垮。事故发生后，对事故进行调查，发现事故发生之处正是施工队建设的部分，发包方依此理由要求承包方赔偿全部损失，承包方以发包方现场代表知道工程转包未表示反对为理由，不同意全部赔偿。

《合同法》第 276 条规定："建设工程实行监理的，发包人应当与监理人采用书面形式订立委托监理合同。发包人与监理人的权利和义务以及法律责任，应当依照本法委托合同以及其他有关法律、行政法规的规定。"第 277 条规定："发包人在不妨碍承包人正常作业的情况下，可以随时对作业进度、质量进行检查。"

建设承包合同签订后发包方有权利对合同的履行情况进行监督，以维护自己的利益，取得合格的工程。发包人可以通过两种方式对工程建筑活动进行监督，一是监理的方式，发包人与监理人订立书面监理委托合同，根据有关的法律、行政法规具体确定监理人的监理权限职责，监理人在其监理权限范围内，对承包人的具体工程活动状况进行检查，对发包人负责；二是发包人自行检查的方式，发包人在不妨碍承包人正常工作的前提下，随时对作业进度、质量进行检查。

发包人订立建设工程合同的根本目的是为了在规定的时间内取得合格的建设工程，建设工程出现质量问题或者不能按期交付工程，根据责任规定即使得到补偿，也不是发包人所愿意看到的。因此，作为发包人无论对工程是否进行监理，在工程进行期间，在不妨碍承包人正常工作的前提下，对工程拥有不可抵抗的检查权。

本案中承包方未按合同约定，擅自将应由自己独立完成的建筑工程转包给他人，违背了合同的规定，应承担违约责任。建筑工程承包合同的订立是基于建设单位对施工单位的技术力量、施工设备、企业等级的信任，并通过招标投标的竞争过程而成立的。建设单位对施工单位的这种选择，也就限定了承包人——某建筑工程企业对水库拦水大坝这种主体工程的独立完成，施工单位未经建设单位同意不得替换。

发包方现场代表人在行使检查权时，虽然知晓承包方转包给某施工队且未表示反对或制止，只能说明发包方代表没有很好地行使检查权，发包方代表有权利对承包方的违约行为予以指明要求纠正，而不能说明发包方同意转包，从而达成免除违约责任。发包方行使检查权，只是对承包方起着监督作用，而无论发包方是否监督，承包方都必须严格亲自履行合同。但由于发包方现场代表未制止承包方的违约行为，在某种意义上由于权利的不及时行使，放任了承包方的违约行为，因此在确认违约赔偿时可以酌情减轻或免除承包方的部分赔偿责任。

由承包方转包的施工队发生的责任事故，造成物质损失，应由承包方先向发包方进行赔偿，然后，承包方和某施工队再清算赔偿损失的分担。发包方不能直接向某施工队要求赔偿，因为两者之间没有特定的权利义务关系。

24. 发包方不能按约定支付价款的，承包人是否可以工程抵款？

甲建筑工程企业与乙机械设备企业签订合同，约定：甲企业承建乙企业宿舍楼两栋，5月1日前交付使用，工程总造价600万元，分期支付，开工时，乙先支付甲200万元的费用，以后费用根据工程进展情况给付，工程验收合格交付使用后半年内全部结清。4月10日甲企业提前建成该宿舍楼，经过验收合格，4月16日正式交付乙企业使用。4月15日甲企业请求乙企业给付剩余工程款200万元，乙企业允诺4月25日给付150万元，剩余50万元半年后给付。但是，半年后甲企业向乙企业多次催要50万工程欠款，此时，乙企业经营状况不好，资金周转困难，工程款项多次催要未果，无奈，甲企业向乙企业提出用该工程的3套房屋作抵偿，因乙企业的宿舍楼还有剩余，乙企业同意。

《合同法》第286条规定："发包人未按照约定支付价款的，承包人可以催告发包人在合理期限内支付价款，发包人逾期不支付的，除按照建设工程的性质不宜折价、拍卖的以外，承包人可以与发包人协议将该工程折价，也可以申请人民法院将该工程依法拍卖。建设工程的价款就该工程折价或者拍卖的价款优先受偿。"

建设工程竣工后，发包人未按照约定支付价款的，承包人可以催告发包人在合理期限内支付价款，但要给发包人留出支付价款的合理期限，超过合理期限发包人仍然未支付价款的，承包人有两种处理方式：一种方式是与发包人协议将该工程折价，即在合理期限届满发包人仍然没有履行支付价款义务的，承包人可与发包人协议，参照市场价格确定一定的价款把该建设工程的所有权由发包人转移给承包人，从而使承包人的债权得以实现。但是承包人和发包人不得在合同中约定在合理期限届满承包人未受清偿时，建设工程的所有权转移为承包人所有。这是因为建设工程价值高于承包工程的价款，这样约定对建设工程的发包人不公平。但是，在需要实现承包人债权的时候，这时双方就可以协议以折价的方式来清偿承包人的债权。对于建设工程折价后超过承包人债权的部分，该超出部分仍然归发包人所有，这样，使双方的利益都得到保护。另一种方式是可以将建设工程依法拍卖。即依照《中华人民共和国拍卖法》规定的程序进行拍卖，并确定拍卖的当事人的权利和义务。对该工程折价或拍卖的价款承包人优先受偿，承包人这种优先权的效力优先于发包人其他债权人的担保物权。

本案乙机械设备企业逾期欠甲建筑工程企业 50 万元的工程款，经甲方多次催要，在合理的期限内都无法偿还，也就是说乙方已无力支付这笔价款，那么甲建筑工程企业要实现债权，依照《合同法》第 286 条规定，与乙企业协商一致，可以将乙企业该工程中的 3 套住房，比照当地的合理的市场价格进行折价而作为抵偿。

25. 承运人未按约定路线运输而要求增加运输费用或者票款的，托运人或乘客是否可以拒绝？

某个体超市购进一批货物，与某运输个体户达成运输该批货物的协议，约定运输个体户将该批货物运至超市，运费先付 50%，运到后再付剩余的 50%。运输途中为了行车方便承运方没有按约定的路线走，而是选一条较远的路线。当时委托方虽然已经意识到未按约定的路线走，但认为运费已约定，无论走哪条路线对自己影响都不大，所以未加制止。但是货物运至目的地后，承运方要求增加运费，理由是路程比预计的远，那么委托人即该个体超市应否支付增加的运费呢？

我国《合同法》第 292 条规定："旅客、托运人或者收货人应当支付票款或者运输费用。承运人未按照约定路线或者通常路线运输增加票款或者运输费用的，旅客、托运人或者收货人可以拒绝支付增加部分的票款或者运输费用。"承运方或旅客与托运方之间订立的运输合同具有法律约束力，双方应严格按合同约定的时间、地点、方式、路线、金额等履行合同义务，否则就是违约，就应承担相应的法律责任。

《合同法》第 291 条规定："承运人应当按照约定的或者通常的运输路线将旅客、货物运输到约定地点。"按此条规定双方在合同中约定路线的就应按约定的路线运输；双方在合同中未约定的，就应按通常的运输路线运输，否则因改变路线运输而增加的票款或者运输费用，托运人可以拒绝支付。

在上述案情中，个体超市作为托运方与个体运输户作为承运方就货物运输达成协议，约定了运输地点、路线、运费金额及付费方式。但承运方并未按约定的路线运输，而为了方便选择了较远的路线，依据《合同法》第 291 条、第 292 条规定，对承运方要求增加的运输费用托运方可以拒绝支付，仍按约定支付剩余的 50% 的运输费用。

26. 承运人对免票旅客在运输过程中的伤亡是否应承担赔付责任?

某县客运企业在春运期间,因严重超载而发生翻车事故,造成 3 人死亡,12 人受伤。县客运企业在赔付时,对其中受伤的 3 个孩子不予赔付,理由是这 3 个孩子上车时没有购票,是免费乘车的。那么这 3 个孩子应否得到赔付呢?

我国《合同法》第 302 条规定:"承运人应当对运输过程中旅客的伤亡承担损害赔偿责任,但伤亡是旅客自身健康原因造成的或者承运人证明伤亡是旅客故意、重大过失造成的除外。"在本条中还同时规定,"前款的规定适用于按照规定免票、持优待票或者经承运人许可搭乘的无票旅客"。根据以上的规定可以得出的结论是:免票、持优待票或经承运人许可搭乘的无票旅客在运输过程中因承运人的原因造成的伤亡也应得到赔付。这样规定的主要原因是:乘客是依规定或承运人的同意不交或少交运费,是承运人主动放弃收费的权利,但是其放弃的只能是权利,而不能放弃义务,即仍需承担运输乘客并保证其安全的义务。因此,对免票、持优待票或者经承运人许可搭乘的无票旅客在运输过程中的伤亡,承运人应承担赔付责任。但如果伤亡是旅客自身健康原因造成的或者承运人证明伤亡是旅客故意、重大过失造成的,承运人不承担赔付责任。

在本案纠纷中,翻车事故发生的主要原因是严重超载。因此,承运企业具有重大的过失责任,依法应对旅客的伤亡承担赔付责任,且包括对免费乘车的小孩,即对受伤的 3 个小孩也应给予赔付，承担赔偿责任。

27. 承运人对运输途中货物的霉烂损失是否应承担赔偿责任？

某乡镇果品企业与铁路运输单位订立果品运输合同，将一批香蕉运往北方市场销售。按合同约定香蕉由托运方果品企业自己包装、装卸。在运输途中因为百年不遇的洪水将铁路冲断，火车在半路滞留了3天，到达目的地卸货时发现香蕉霉烂严重，损失程度已超过货物正常的合理损耗。果品企业要求铁路运输单位赔偿损失，而承运方铁路运输单位认为货物的损失是因不可抗力即洪水冲坏铁路及托运人装货太多，箱与箱之间的密度太小造成的。后经法院查证，托运方在装货时比正常装货标准多装100多箱，因装货太多，造成通风不良，是货物霉烂的重要原因之一。另一个重要原因是因洪水导致火车在路上多滞留3天，使运输时间过长。根据以上的情况来分析，承运方应否对果品企业的香蕉霉烂损失承担赔偿责任呢？

我国《合同法》第311条规定："承运人对运输过程中货物的毁损、灭失承担损害赔偿责任，但承运人证明货物的毁损、灭失是因不可抗力、货物本身的自然性质或者合理损耗以及托运人、收货人的过错造成的，不承担损害赔偿责任。"根据上述规定，承运人原则上对运输过程中货物的损失应承担损害赔偿责任，但因下列原因造成的，承运人对承运的货物损失不承担赔偿责任：①不可抗力事件造成的货物损失；②货物本身的自然性质或者合理的损耗造成的货物损失；③由于托运人、收货人的过错造成的货物损失。承运人在上述情况要免除其损失赔偿责任还需依法履行举证义务，即证明货物损失是由上述原因造成的。

在本经济纠纷中，货物的损失经法院查证主要是由洪水冲坏铁路耽误运输时间，属于不可抗力。

28. 在托运人将要运输的货物交付给承运人之后，托运人是否可以要求中止运输？

某乡农贸企业与铁路货运单位签订果品运输合同。货运单位根据合同调配车皮，在乡农贸企业交货以后，货运单位组织搬运工人装车。此时农贸企业得到信息，货物到达的目的地果品市场行情不好，即使运往也很难销售出去。因此，决定中止运输，待企业商定后改运他处。农贸企业依法是否可以要求货运单位中止运输且改运他处？

我国《合同法》第 308 条规定："在承运人将货物交付收货人之前，托运人可以要求承运人中止运输、返还货物、变更到达地或者将货物交给其他收货人，但应当赔偿承运人因此受到的损失。"此条规定是托运人的一项特殊权利，这是基于货物在未交付收货人之前，托运人对货物的处分权或者指示权。托运人为适应市场情况或者买受人信用状况的变化，也有必要对托运的货物做出处分。在签发提单的情况下，通常托运人在转让提单之前有处分权或指示权；一旦转让提单，提单持有人即获得处分权或指示权，托运人则丧失此权利。但处分必须是在货物交付给收货人之前，如果货物已经交付，运输合同即履行完毕，那么承运人不需再承担运输义务，托运人也就不再享有要求运输的权利，所以也就无权指示承运人或对货物做出处分。因此，托运人要中止运输、变更到达地点、将货物交给其他收货人或者解除合同必须是在货物未交付收货人之前做出。

在本纠纷中，农贸企业根据市场情况做出指示：中止运输、改运他处。这是农贸企业依法行使权利，但是农贸企业在行使中止运输、改运他处的权利时，给货运单位造成了一定损失，对此损失农贸企业应予以赔偿。

29. 根据我国《合同法》规定，承揽合同包含了哪些合同类型？

某印刷厂与某出版社订立图书印刷合同，印刷厂按出版社的要求将手稿印制成图书，出版社支付印刷费用，此合同是否属于承揽合同？

我国《合同法》第251条规定："承揽合同是承揽人按照定作（做）人的要求完成工作，交付工作成果，定作（做）人给付报酬的合同。承揽包括加工、定作（做）、修理、复制、测试、检验等工作。"根据此条规定可以看出承揽合同是一大类完成工作的合同的总称，其中主要包括加工合同、定做合同、修理合同、印刷合同、复制合同、设计合同、测绘测试合同、检验合同、签订合同、改造改建合同等。因此，印刷厂与出版社之间订立的图书印刷合同属于承揽合同，可按承揽合同的有关规定订立和履行。

30. 定做人未按约定向承揽人支付报酬，承揽人对完成的工作成果是否可以留置？

某企业与某木器加工厂订立相框加工合同，合同约定木材由木器厂提供，某企业付费时加付材料费，但在结算支付报酬时，某企业只付清加工费，而未付材料费，为此木器厂留置了部分已加工的相框，称企业支付材料费后才交付，但企业认为已加工出的相框是其定做的，木器厂无权扣留，不交付该批相框是严重的违约行为，要求木器厂交付该批相框，并承担违约责任。

留置是一种法定的担保形式，即债权人按合同约定占有债务人的动产，当债务人不履行或者不严格履行合同时，债权人扣留债务人的动产并在法定期限内处置该财产，以使债权人的债权得以实现。适合留置这种担保形式的合同有运输合同、保管合同、承揽合同等。我国《合同法》第264条规定："定作(做)人未向承揽人支付报酬或者材料费等价款的，承揽人对完成的工作成果享有留置权，但当事人另有约定的除外。"因此，当定做人未按合同约定支付报酬及其他价款的，除当事人在合同中另有约定外，承揽人有权留置已完成的工作成果。但是应注意：①留置的工作成果应与未支付的价款相当；②当事人特别约定承揽人不得留置的或者留置违背社会公德或公共利益的，承揽人不得留置定做物；③扣留后至少应当确定2个月以上的期限，通知定做人在该期限内支付价款，定做人逾期仍不支付的，才可以与定做人协议以定做物折价或拍卖、变卖定做物以清偿承揽人的报酬及其他款项。在本经济纠纷中，按合同约定木料由木器厂提供，企业支付木料费，但在支付费用时未支付该款项。因此，木器加工厂依法有权留置与该费用相当的相框，且留置该批相框并不构成违约，不需承担违约责任。

31. 仓储合同订立后，存货人能否以未交付保管物而认定合同未成立？

某仓储企业与乡农贸企业订立香蕉仓储保管合同。合同订立后仓储企业根据合同约定开始清理仓库，准备为该农贸企业保管香蕉，并为此拒绝了其他客户保管货物的请求。但是在合同约定的交货期满时，农贸企业告知仓储企业因为香蕉供应方没有履行供货义务，所以不再需要仓位存放香蕉。

仓储企业认为合同不能履行给其造成很大损失，于是要求农贸企业承担违约责任，赔偿其损失，农贸企业则称因香蕉还未交付保管，因此，仓储合同还未生效，所以不需承担违约责任。那么农贸企业应否承担违约责任呢？

我国《合同法》第382条规定："仓储合同自成立时生效。"此条规定说明仓储合同是诺成合同，即只要双方当事人意思表示一致，合同就成立，在这一点上与一般的保管合同是不同的。《合同法》第367条规定："保管合同自保管物交付时成立，但当事人另有约定的除外。"这是合同法对一般保管合同的规定，如果仓储保管合同也只有在保管人实际接收了货物以后，合同才能成立，对于保管人来说是不公平的。因为保管人为履行合同需做准备工作，并因此而可能拒绝其他客户的存货请求，丧失了许多营利的机会，如果以货物未交货、合同未生效为由，存货人不承担责任对保管人是不公平的。反过来如果保管人不按合同约定按时提供场所，致使存货人的货物不能及时入库而造成货物毁损的，此时保管人以没有接收货物、合同未生效为由不承担责任对存货人也是极不公平的。所以仓储合同一经双方合意即告成立，双方当事人就要受合同的约束，以此保障当事人双方的合法权益。

在本经济纠纷中，农贸企业与仓储企业的合同一经成立即告生效，农贸企业称香蕉未交付，所以合同未生效是不符合我国《合同法》对仓储合同的规定的。以交付货物作为生效条件适用一般的保管合同，而不包括仓储合同这种较为特殊的保管合同。因而农贸企业的行为已经构成违约，应对其违约行为给仓储企业造成的损失予以赔偿。

32. 仓储货物入库后发现仓储物质量不符合约定，保管人应否承担损害赔偿责任？

某仓储企业与某商贸企业订立新疆哈密瓜的仓储合同，保管方仓储企业依合同约定派工作人员对哈密瓜进行验收入库。入库的第三天，1 名有经验的员工发现有 1 箱哈密瓜的外包装箱上有水渗透的痕迹，随后经检查发现此箱内已经有 2 个瓜挤破，进一步检查发现此种情况共计 10 多箱。原来验货入库的是企业新来的工作人员，验货时只抽查了其中的两箱，在未发现质量问题的情况下，只清点了数量就办理了验收入库手续。仓储企业将此情况通知商贸企业，商贸企业认为，货物已验收入库，出现质量问题按合同约定，仓储企业应承担赔偿责任。而仓储企业认为此货物的毁损是运输途中造成的，因此不应由其承担责任。仓储企业应否承担责任？

仓储合同的履行，入库验收应当是第一阶段。入库验收是指货物进入仓库时所进行的点验和接收工作，保管人应按合同约定的包装、数量、质量、品种、规格等进行验收。保管人没有按规定的项目、方法和期限验收，或者验收不准确，发生仓储物与约定不符的，由保管人负责。经检验无误，保管人应向存货人交付接收入库凭证。在验收时发现仓储物不符合约定的，保管人应当及时通知存货人，以分清责任。如果在验收后发现仓储物不符合约定的，因保管人已接受了仓储物，有义务保证仓储物在交付时符合合同约定，因此，对不符合约定的就应承担损害赔偿责任。对此我国《合同法》第 384 条规定："保管人应当按照约定对入库仓储物进行验收。保管人验收时发现入库仓储物与约定不符合的，应当及时通知存货人。保管人验收后，发生仓储物的品种、数量、质量不符合约定的，保管人应当承担损害赔偿责任。"

在本经济纠纷中仓储企业已经对商贸企业的仓储物进行了验收，并办理了入库手续，说明货物的风险责任已经转移到了保管人仓储企业处，仓储企业有义务保证仓储物入库后在数量、品种、质量等方面与合同约定相符，如果出现与约定不符，就应承担责任。因此，既然哈密瓜的质量问题是在验收入库后发现的，就应对其承担责任，向商贸企业赔偿损失。

第五章
各种事故赔偿的法律常识

一、医疗事故赔偿项目及标准

(一) 共有赔偿项目

1. 医疗费

(1) 医疗费根据医疗机构出具的医药费、住院费等收款凭证，结合病历和诊断证明等相关证据确定；

(2) 医疗费的赔偿数额，按照一审法庭辩论终结前实际发生的数额确定；

(3) 根据医疗证明或者鉴定结论确定必然发生的费用，可以与已经发生的医疗费一并予以赔偿；

(4) 器官功能恢复训练所必要的康复费、适当的整容费以及其他后续治疗费，赔偿权利人可以待实际发生后另行起诉。

2. 误工费

(1)误工费根据受害人的误工时间和收入状况确定；

(2)误工时间根据受害人接受治疗的医疗机构出具的证明确定；

(3)受害人因伤致残持续误工的，误工时间可以计算至定残日前一天；

(4)受害人有固定收入的，误工费按照实际减少的收入计算；

(5)受害人无固定收入的，按照其最近3年的平均收入计算；

(6)受害人不能举证证明其最近3年的平均收入状况的，可以参照受诉法院所在地相同或者相近行业上一年度职工的平均工资计算。

3. 护理费

(1)护理费根据护理人员的收入状况和护理人数、护理期限确定；

(2)护理人员有收入的，参照误工费的规定计算；

(3)护理人员没有收入或者雇用护工的，参照当地护工从事同等级别护理的劳务报酬标准计算；

(4)护理人员原则上为1人，但医疗机构或者鉴定机构有明确意见的，可以参照确定护理人员人数；

(5)护理期限应计算至受害人恢复生活自理能力时为止；

(6)受害人因残疾不能恢复生活自理能力的，可以根据其年龄、健康状况等因素确定合理的护理期限，但最长不超过20年；

(7)受害人定残后的护理，应当根据其护理依赖程度并结合配制残疾辅助器具的情况确定护理级别。

4. 住院伙食补助费

住院伙食补助费可以参照当地国家机关一般工作人员的出差伙食补助标准予以确定。

5. 营养费

营养费根据受害人伤残情况参照医疗机构的意见确定。

6. 交通费

(1)交通费根据受害人及其必要的陪护人员因就医或者转院治疗实际发生的费用计算;

(2)交通费应当以正式票据为凭,有关凭据应当与就医地点、时间、人数、次数相符合。

7. 住宿费及伙食费

受害人确有必要到外地治疗,因客观原因不能住院,受害人本人及其陪护人员实际发生的住宿费和伙食费,其合理部分应予赔偿。

8. 被扶养人生活费

(1)被扶养人生活费根据扶养人丧失劳动能力程度,按照受诉法院所在地上一年度城镇居民人均消费性支出和农村居民人均年生活消费支出标准计算;

(2)被扶养人为未成年人的,计算至18周岁;

(3)被扶养人无劳动能力又无其他生活来源的,计算20年;

(4)60周岁以上的,年龄每增加一岁减少一年;75周岁以上的,按5年计算。

9. 精神损害抚慰金

精神损害的赔偿数额根据以下因素确定：

(1)侵权人的过错程度，法律另有规定的除外；

(2)侵害的手段、场合、行为方式等具体情节；

(3)侵权行为所造成的后果；

(4)侵权人的获利情况；

(5)侵权人承担责任的经济能力；

(6)受诉法院所在地平均生活水平。

(二)死亡患者赔偿项目

1. 丧葬费

丧葬费按照受诉法院所在地上一年度职工月平均工资标准，以6个月总额计算。

2. 死亡赔偿金

(1)死亡赔偿金按照受诉法院所在地上一年度城镇居民人均可支配收入或者农村居民人均纯收入标准，按20年计算；

(2)60周岁以上的，年龄每增加1岁减少1年；75周岁以上的，按5年计算。

3. 其他

受害人亲属办理丧葬事宜支出的交通费、住宿费和误工损失等其他合理费用。

(三)伤残患者赔偿项目

1. 残疾赔偿金

(1)残疾赔偿金根据受害人丧失劳动能力程度或者伤残等级，

按照受诉法院所在地上一年度城镇居民人均可支配收入或者农村居民人均纯收入标准，自定残之日起按 20 年计算；

(2) 60 周岁以上的，年龄每增加 1 岁减少 1 年；75 周岁以上的，按 5 年计算；

(3) 受害人因伤致残但实际收入没有减少，或者伤残等级较轻但造成职业妨害严重影响其劳动就业的，可以对残疾赔偿金作相应调整。

2. 残疾辅助器具费

(1) 残疾辅助器具费按照普通适用器具的合理费用标准计算；

(2) 伤情有特殊需要的，可以参照辅助器具配制机构的意见确定相应的合理费用标准；

(3) 辅助器具的更换周期和赔偿期限参照配制机构的意见确定。

3. 患者超过赔偿期限仍生存的费用处理

(1) 超过确定的护理期限、辅助器具费给付年限或者残疾赔偿金给付年限，赔偿权利人向人民法院起诉请求继续给付护理费、辅助器具费或者残疾赔偿金的，人民法院应予受理；

(2) 赔偿权利人确需继续护理、配制辅助器具，或者没有劳动能力和生活来源的，人民法院应当判令赔偿义务人继续给付相关费用 5 年至 10 年。

4. 其他

因康复护理、继续治疗实际发生的必要的康复费、护理费、后续治疗费，赔偿义务人也应当予以赔偿。

二、交通伤害事故赔偿项目及标准

(一)伤害事故赔偿项目

①医疗费；②误工费；③护理费；④营养费；⑤交通费；⑥残疾辅助器具费；⑦残疾赔偿金；⑧被扶养人生活费；⑨死亡赔偿金；⑩丧葬费精神损害抚慰金。

(二)伤害事故赔偿金额的计算方法

1. 医疗费赔偿金额为医疗期间实际花费的数额

根据《最高人民法院关于审理人身损害赔偿案件适用于法律若干问题的解释》(以下简称《最高院解释》)第19条规定：医疗费根据医疗机构出具的医药费、住院费等收款凭证，结合病历和诊断证明等相关证据确定，赔偿义务人对医疗的必要性和合理性有异议的应当承担相应的举证责任。

医疗费赔偿数额，按照一审法院辩论终结前实际发生的数额确定，器官功能恢复训练所必要的康复费、适当的整容费以及其他后续治疗费，赔偿权利人可以待实际发生后另行起诉，但根据医疗证明或者鉴定结论确定必然发生的费用，可以与已经发生的医疗费一并予以赔偿。

计算公式为：医疗费赔偿金额＝诊疗费＋医药费＋住院费＋其他。

2. 误工费赔偿金额的计算公式

有固定工资的：误工费赔偿金额＝误工时间(天)×收入水平

(元/天)

无固定工资的又分两种情况:

第一种情况:能够证明其最近3年的平均收入状况的,按照其最近3年的平均收入计算。公式:误工费赔偿金额=误工时间(天)×最近3年平均收入水平(元/天)。

第二种情况:不能够证明其最近3年的平均工资收入状况的。公式:误工费赔偿金额=误工时间(天)×相关、相近行业上一年的职工平均工资(元/天)。

《最高院解释》第20条规定:"误工费根据受害人的误工时间和收入状况确定。""误工时间根据受害人接受治疗的医疗机构出具的证明确定。受害人因伤残致持续误工的,误工时间可以计算至定残日前1天。"伤残评定机构,按照国家出台的《道路交通事故受伤人员伤残程度评定》(GB18667-2002)的有关规定确定。

3. 护理费赔偿金额的计算公式

(1)有固定收入的按照误工费标准计算。

(2)无固定收入的公式为:护理费赔偿金额=同级别护理劳务报酬×护理期限。

《最高院解释》第21条规定:"护理费根据护理人员的收入状况和护理人数、护理期限确定。"

4. 残疾赔偿金的计算公式

第一种情况:60周岁以下人员的残疾赔偿金=受诉法院所在地上一年度城镇居民人均可支配收入(农村居民人均纯收入)标准×伤残系数×20年;

第二种情况:60~75周岁之间人员的残疾赔偿金=受诉法院所

在地上一年度城镇居民人均可支配收入(农村居民人均纯收入)标准×伤残系数×[20-(实际年龄-60)]年;

第三种情况：75周岁以上人员的残疾赔偿金=受诉法院所在地上一年度城镇居民人均可支配收入(农村居民人均纯收入)标准×伤残系数×5年。

伤残系数中，伤情评定为一级伤残的，按全额赔偿，即100%；2级至10级的，则以10%的比例依次递减。多等级伤残者的伤残系数计算，参照《道路交通事故受伤人员伤残评定》(GB18667-2002)附录B的方法计算。

《最高院解释》第25条中规定："残疾赔偿金根据受害人丧失劳动能力程度或伤残等级，按照受诉法院所在地上一年度城镇居民人均可支配收入或者农村人均纯收入标准，自定残之日起按20年计算。但60周岁以上的，年龄每增加1岁减少1年，75周岁以上的，按5年计算。"

5. 被扶养人生活费赔偿金额的计算公式

(1)不满18周岁的被扶养人生活费=城镇居民人均消费性支出(农村人均年生活消费性支出)×(18-实际年龄)；

(2)18~60周岁被扶养人无劳动能力又无其他生活来源的生活费=城镇居民人均消费性支出(农村人均年生活消费性支出)×20年；

(3)60~75周岁被扶养人无劳动能力又无其他生活来源的生活费=城镇居民人均消费性支出(农村人均年生活消费性支出)×[20-(实际年龄-60)]年；

(4)75周岁以上被扶养人无劳动能力又无其他生活来源的生活费=城镇居民人均消费性支出(农村人均年生活消费性支出)×5年；

(5)有其他扶养人时,赔偿义务人承担的被扶养人生活费=被扶养人生活费÷扶养人数;

(6)被扶养人有数人时,赔偿义务人承担的年赔偿总额≤城镇居民人均消费性支出(农村居民人均年生活消费性支出)。

6. 死亡赔偿金

(1)60周岁以下人员的死亡赔偿金=上一年度城镇居民人均可支配收入(农村居民人均纯收入)×20年;

(2)60~75周岁人员的死亡赔偿金=上一年度城镇居民人均可支配收入(农村居民人均纯收入)×[20-(实际年龄-60)]年;

(3)75周岁以上人员的死亡赔偿金=上一年度城镇居民人均可支配收入(农村居民人均纯收入)×5年。

《最高院解释》第29条规定:"死亡赔偿金按照受诉法院所在地上一年度城镇居民人居可支配收入或农村人均纯收入标准,按20年计算。但60周岁以上的,年龄每增加1岁减少1年;75周岁以上的按5年计算。"

7. 丧葬费赔偿金额的计算公式

丧葬费赔偿金额=受诉法院所在地上一年度职工月平均工资×6个月。

《最高院解释》第27条规定:"丧葬费按照受诉法院所在地上一年度职工月平均工资标准,以6个月总额计算。"

8. 精神损害抚慰金的计算公式

《最高人民法院关于确定民事侵权精神损害赔偿责任若干问题的解释》第9条规定:"精神损害抚慰金包括以下方式:

(1)致人残疾的,为残疾赔偿金;

(2)致人死亡的，为死亡赔偿金；

(3)其他损害情形的为精神抚慰金。

第10条规定：精神损害的赔偿数额根据以下因素确定：

(1)侵权人的过错程度，法律另有规定的除外；

(2)侵害的手段、场合、行为方式等具体情节；

(3)侵害行为所造成的后果；

(4)侵权人的获利情况；

(5)侵权人承担责任的经济能力；

(6)受诉法院所在地平均生活水平。

三、工伤事故赔偿项目及标准

工伤事故赔偿计算公式：

(1)医疗费赔偿金额＝诊疗金额＋药品金额＋住院服务费金额。

(依据工伤保险诊疗项目目录、工伤保险药品目录、工伤保险住院服务标准确定)。

(2)住院伙食补助费赔偿金额＝因公出差伙食补助标准(元/人/天)×70%×人数×天数。

(3)交通食宿费赔偿金额＝交通费＋住宿费＋伙食费。

(4)辅助器具费赔偿金额＝普通适用器具的合理费用×器具数量。

(5)护理费赔偿金额＝统筹地区上年度职工月平均工资(元/月)的或50%(完全不能自理)或40%(大部分不能自理)或30%(部分不能自理)。

(6)伤残补助金赔偿金额=本人工资(元/月)×24(1级伤残)或22(2级伤残)……6(10级伤残)。

(7)伤残津贴赔偿金额=本人工资(元/月)×90%(1级)或85%(2级)……75%(4级)。

(8)一次性工伤医疗补助金,伤残就业补助金(由省、自治区、直辖市人民政府规定)。

(9)丧葬补助金赔偿金额=统筹地区上年度职工月平均工资(元/月)×6。

(10)供养亲属抚恤金赔偿金额=工亡职工本人工资(元/月)×40%(配偶)或30%(其他亲属)(孤寡老人或孤儿在上述标准上增加10%)。

(11)一次性工亡补助金赔偿金额=统筹地区上年度职工月平均工资×(48个到60个月)。

四、职业病赔偿标准

职业病是指企业、事业单位和个体经济组织(以下统称用人单位)的劳动者在职业活动中,因接触粉尘、放射性物质和其他有毒、有害物质等因素而引起的疾病。

根据职业病防治法的规定,卫生部会同劳动和社会保障部发布了《职业病目录》。这一目录规定的职业病有尘肺、职业性放射性疾病、职业中毒、物理因素所致职业病、生物因素所致职业病、职业性皮肤病、职业性眼病、职业性耳鼻喉口腔疾病、职业性肿瘤和其他职业病共10类115种疾病。

职业病是由于职业活动而产生的疾病，但并不是所有在工作中得的病都是职业病。职业病必须是列在《职业病目录》中，有明确的职业相关关系，按照职业病诊断标准，由法定职业病诊断机构明确诊断的疾病。因此，在工作中得的病不一定是职业病，得了《职业病目录》中的疾病也不一定是职业病。

根据国家规定，职业病赔偿标准如下：

一级工伤赔偿标准

保留劳动关系，退出工作岗位。注：如果未退出工作岗位，应继续享受原工资待遇。

从工伤保险基金中支付一次性伤残补助金，标准为 24 个月的本人工资。

从工伤保险基金中按月支付伤残津贴，标准为工资的 90%，伤残津贴实际金额低于当地最低工资标准的，由工伤保险基金补足差额。

工伤职工达到退休年龄并办理退休手续后，停发伤残津贴，享受基本养老保险待遇。基本养老保险待遇低于工资标准的，由工伤保险基金补足差额。

二级工伤赔偿标准

保留劳动关系，退出工作岗位。注：如果未退出工作岗位，应继续享受原工资待遇。

从工伤保险基金中支付一次性伤残补助金，标准为 22 个月的本人工资。

从工伤保险基金中按月支付伤残津贴，标准为工资的 85%，伤残津贴实际金额低于当地最低工资标准的，由工伤保险基金补足差额。

工伤职工达到退休年龄并办理退休手续后，停发伤残津贴，享受基本养老保险待遇。基本养老保险待遇低于工资标准的，由工伤保险基金补足差额。

三级工伤赔偿标准

保留劳动关系，退出工作岗位。注：如果未退出工作岗位，应继续享受原工资待遇。

从工伤保险基金中支付一次性伤残补助金，标准为 20 个月的本人工资。

从工伤保险基金中按月支付伤残津贴，标准为工资的 80%，伤残津贴实际金额低于当地最低工资标准的，由工伤保险基金补足差额。

工伤职工达到退休年龄并办理退休手续后，停发伤残津贴，享受基本养老保险待遇。基本养老保险待遇低于工资标准的，由工伤保险基金补足差额。

四级工伤赔偿标准

保留劳动关系，退出工作岗位。注：如果未退出工作岗位，应继续享受原工资待遇。

从工伤保险基金中支付一次性伤残补助金，标准为 18 个月的本人工资。

从工伤保险基金中按月支付伤残津贴，标准为工资的 75%，伤残津贴实际金额低于当地最低工资标准的，由工伤保险基金补足差额。

工伤职工达到退休年龄并办理退休手续后，停发伤残津贴，享受基本养老保险待遇。基本养老保险待遇低于工资标准的，由工伤保险基金补足差额。

五级工伤赔偿标准

从工伤保险基金中按伤残等级支付一次性伤残补助金，标准为 16 个月的本人工资。

保留与用人单位的劳动关系，由用人单位安排适当工作。

难以安排工作的，由用人单位按月发给伤残津贴，标准为本人工资的 70%，并由用人单位按照规定为其缴纳应缴纳的各项社会保险费。伤残津贴实际金额低于当地最低工资标准的，由用人单位补足差额。

经工伤职工本人提出，该职工可以与用人单位解除或终止劳动关系，由用人单位支付一次性工伤医疗补助金和伤残就业补助金。具体标准由省、自治区、直辖市人民政府规定。

六级工伤赔偿标准

从工伤保险基金中按伤残等级支付一次性伤残补助金，标准为 14 个月的本人工资。

保留与用人单位的劳动关系，由用人单位安排适当工作。

难以安排工作的，由用人单位按月发给伤残津贴，标准为本人工资的 60%，并由用人单位按照规定为其缴纳应缴纳的各项社会保险费。伤残津贴实际金额低于当地最低工资标准的，由用人单位补足差额。

经工伤职工本人提出，该职工可以与用人单位解除或终止劳动关系，由用人单位支付一次性工伤医疗补助金和伤残就业补助金。具体标准由省、自治区、直辖市人民政府规定。

七级工伤赔偿标准

从工伤保险基金中，按伤残等级支付一次性伤残补助金，标准为 12 个月的本人工资。

劳动合同期满终止，或者职工本人提出解除劳动合同的，由用人单位支付一次性工伤医疗补助金和伤残就业补助金。具体标准由省、自治区、直辖市人民政府规定。

八级工伤赔偿标准

从工伤保险基金中，按伤残等级支付一次性伤残补助金，标准为 10 个月的本人工资。

劳动合同期满终止，或者职工本人提出解除劳动合同的，由用人单位支付一次性工伤医疗补助金和伤残就业补助金。具体标准由省、自治区、直辖市人民政府规定。

九级工伤赔偿标准

从工伤保险基金中，按伤残等级支付一次性伤残补助金，标准为 8 个月的本人工资。

劳动合同期满终止，或者职工本人提出解除劳动合同的，由用人单位支付一次性工伤医疗补助金和伤残就业补助金。具体标准由省、自治区、直辖市人民政府规定。

十级工伤赔偿标准

从工伤保险基金中，按伤残等级支付一次性伤残补助金，标准为 6 个月的本人工资。

劳动合同期满终止，或者职工本人提出解除劳动合同的，由用人单位支付一次性工伤医疗补助金和伤残就业补助金。具体标准由省、自治区、直辖市人民政府规定。

附一
中华人民共和国农村土地承包法

第一章　总　则

第一条　为稳定和完善以家庭承包经营为基础、统分结合的双层经营体制，赋予农民长期而有保障的土地使用权，维护农村土地承包当事人的合法权益，促进农业、农村经济发展和农村社会稳定，根据宪法，制定本法。

第二条　本法所称农村土地，是指农民集体所有和国家所有依法由农民集体使用的耕地、林地、草地，以及其他依法用于农业的土地。

第三条　国家实行农村土地承包经营制度。农村土地承包采取农村集体经济组织内部的家庭承包方式，不宜采取家庭承包方式的荒山、荒沟、荒丘、荒滩等农村土地，可以采取招标、拍卖、公开协商等方式承包。

第四条 国家依法保护农村土地承包关系的长期稳定。农村土地承包后，土地的所有权性质不变。承包地不得买卖。

第五条 农村集体经济组织成员有权依法承包由本集体经济组织发包的农村土地。任何组织和个人不得剥夺和非法限制农村集体经济组织成员承包土地的权利。

第六条 农村土地承包，妇女与男子享有平等的权利。承包中应当保护妇女的合法权益，任何组织和个人不得剥夺、侵害妇女应当享有的土地承包经营权。

第七条 农村土地承包应当坚持公开、公平、公正的原则，正确处理国家、集体、个人三者的利益关系。

第八条 农村土地承包应当遵守法律、法规，保护土地资源的合理开发和可持续利用。未经依法批准不得将承包地用于非农建设。

国家鼓励农民和农村集体经济组织增加对土地的投入，培肥地力，提高农业生产能力。

第九条 国家保护集体土地所有者的合法权益，保护承包方的土地承包经营权，任何组织和个人不得侵犯。

第十条 国家保护承包方依法、自愿、有偿地进行土地承包经营权流转。

第十一条 国务院农业、林业行政主管部门分别依照国务院规定的职责负责全国农村土地承包及承包合同管理的指导。县级以上地方人民政府农业、林业等行政主管部门分别依照各自职责，负责本行政区域内农村土地承包及承包合同管理。乡（镇）人民政府负责本行政区域内农村土地承包及承包合同管理。

第二章　家 庭 承 包

第一节　发包方和承包方的权利和义务

第十二条　农民集体所有的土地依法属于村农民集体所有的，由村集体经济组织或者村民委员会发包；已经分别属于村内两个以上农村集体经济组织的农民集体所有的，由村内各该农村集体经济组织或者村民小组发包。由村集体经济组织或者村民委员会发包的，不得改变村内各集体经济组织农民集体所有的土地的所有权。

国家所有依法由农民集体使用的农村土地，由使用该土地的农村集体经济组织、村民委员会或者村民小组发包。

第十三条　发包方享有下列权利：

（一）发包本集体所有的或者国家所有依法由本集体使用的农村土地；

（二）监督承包方依照承包合同约定的用途合理利用和保护土地；

（三）制止承包方损害承包地和农业资源的行为；

（四）法律、行政法规规定的其他权利。

第十四条　发包方承担下列义务：

（一）维护承包方的土地承包经营权，不得非法变更、解除承包合同；

(二)尊重承包方的生产经营自主权，不得干涉承包方依法进行正常的生产经营活动；

(三)依照承包合同约定为承包方提供生产、技术、信息等服务；

(四)执行县、乡(镇)土地利用总体规划，组织本集体经济组织内的农业基础设施建设；

(五)法律、行政法规规定的其他义务。

第十五条 家庭承包的承包方是本集体经济组织的农户。

第十六条 承包方享有下列权利：

(一)依法享有承包地使用、收益和土地承包经营权流转的权利，有权自主组织生产经营和处置产品；

(二)承包地被依法征用、占用的，有权依法获得相应的补偿；

(三)法律、行政法规规定的其他权利。

第十七条 承包方承担下列义务：

(一)维持土地的农业用途，不得用于非农建设；

(二)依法保护和合理利用土地，不得给土地造成永久性损害；

(三)法律、行政法规规定的其他义务。

第二节 承包的原则和程序

第十八条 土地承包应当遵循以下原则：

(一)按照规定统一组织承包时，本集体经济组织成员依法平等地行使承包土地的权利，也可以自愿放弃承包土地的权利；

(二)民主协商，公平合理；

(三)承包方案应当按照本法第十二条的规定，依法经本集体经济组织成员的村民会议三分之二以上成员或者三分之二以上村民代表的同意；

(四)承包程序合法。

第十九条　土地承包应当按照以下程序进行：

(一)本集体经济组织成员的村民会议选举产生承包工作小组；

(二)承包工作小组依照法律、法规的规定拟订并公布承包方案；

(三)依法召开本集体经济组织成员的村民会议，讨论通过承包方案；

(四)公开组织实施承包方案；

(五)签订承包合同。

第三节　承包期限和承包合同

第二十条　耕地的承包期为三十年。草地的承包期为三十年至五十年。林地的承包期为三十年至七十年；特殊林木的林地承包期，经国务院林业行政主管部门批准可以延长。

第二十一条　发包方应当与承包方签订书面承包合同。

承包合同一般包括以下条款：

(一)发包方、承包方的名称，发包方负责人和承包方代表的姓名、住所；

(二)承包土地的名称、坐落、面积、质量等级；

(三)承包期限和起止日期；

(四)承包土地的用途；

(五)发包方和承包方的权利和义务；

(六)违约责任。

第二十二条 承包合同自成立之日起生效。承包方自承包合同生效时取得土地承包经营权。

第二十三条 县级以上地方人民政府应当向承包方颁发土地承包经营权证或者林权证等证书，并登记造册，确认土地承包经营权。

颁发土地承包经营权证或者林权证等证书，除按规定收取证书工本费外，不得收取其他费用。

第二十四条 承包合同生效后，发包方不得因承办人或者负责人的变动而变更或者解除，也不得因集体经济组织的分立或者合并而变更或者解除。

第二十五条 国家机关及其工作人员不得利用职权干涉农村土地承包或者变更、解除承包合同。

第四节　土地承包经营权的保护

第二十六条 承包期内，发包方不得收回承包地。

承包期内，承包方全家迁入小城镇落户的，应当按照承包方的意愿，保留其土地承包经营权或者允许其依法进行土地承包经营权流转。

承包期内，承包方全家迁入设区的市，转为非农业户口的，应当将承包的耕地和草地交回发包方。承包方不交回的，发包方可以收回承包的耕地和草地。

承包期内，承包方交回承包地或者发包方依法收回承包地时，承包方对其在承包地上投入而提高土地生产能力的，有权获得相应的补偿。

第二十七条　承包期内，发包方不得调整承包地。

承包期内，因自然灾害严重毁损承包地等特殊情形对个别农户之间承包的耕地和草地需要适当调整的，必须经本集体经济组织成员的村民会议三分之二以上成员或者三分之二以上村民代表的同意，并报乡(镇)人民政府和县级人民政府农业等行政主管部门批准。承包合同中约定不得调整的，按照其约定。

第二十八条　下列土地应当用于调整承包土地或者承包给新增人口：

(一)集体经济组织依法预留的机动地；

(二)通过依法开垦等方式增加的；

(三)承包方依法、自愿交回的。

第二十九条　承包期内，承包方可以自愿将承包地交回发包方。承包方自愿交回承包地的，应当提前半年以书面形式通知发包方。承包方在承包期内交回承包地的，在承包期内不得再要求承包土地。

第三十条　承包期内，妇女结婚，在新居住地未取得承包地的，发包方不得收回其原承包地；妇女离婚或者丧偶，仍在原居住地生活或者不在原居住地生活但在新居住地未取得承包地的，发包方不得收回其原承包地。

第三十一条　承包人应得的承包收益，依照继承法的规定继承。林地承包的承包人死亡，其继承人可以在承包期内继续承包。

第五节　土地承包经营权的流转

第三十二条　通过家庭承包取得的土地承包经营权可以依法

采取转包、出租、互换、转让或者其他方式流转。

第三十三条 土地承包经营权流转应当遵循以下原则：

(一)平等协商、自愿、有偿，任何组织和个人不得强迫或者阻碍承包方进行土地承包经营权流转；

(二)不得改变土地所有权的性质和土地的农业用途；

(三)流转的期限不得超过承包期的剩余期限；

(四)受让方须有农业经营能力；

(五)在同等条件下，本集体经济组织成员享有优先权。

第三十四条 土地承包经营权流转的主体是承包方。承包方有权依法自主决定土地承包经营权是否流转和流转的方式。

第三十五条 承包期内，发包方不得单方面解除承包合同，不得假借少数服从多数强迫承包方放弃或者变更土地承包经营权，不得以划分"口粮田"和"责任田"等为由收回承包地搞招标承包，不得将承包地收回抵顶欠款。

第三十六条 土地承包经营权流转的转包费、租金、转让费等，应当由当事人双方协商确定。流转的收益归承包方所有，任何组织和个人不得擅自截留、扣缴。

第三十七条 土地承包经营权采取转包、出租、互换、转让或者其他方式流转，当事人双方应当签订书面合同。采取转让方式流转的，应当经发包方同意；采取转包、出租、互换或者其他方式流转的，应当报发包方备案。

土地承包经营权流转合同一般包括以下条款：

(一)双方当事人的姓名、住所；

(二)流转土地的名称、坐落、面积、质量等级；

(三)流转的期限和起止日期;

(四)流转土地的用途;

(五)双方当事人的权利和义务;

(六)流转价款及支付方式;

(七)违约责任。

第三十八条　土地承包经营权采取互换、转让方式流转,当事人要求登记的,应当向县级以上地方人民政府申请登记。未经登记,不得对抗善意第三人。

第三十九条　承包方可以在一定期限内将部分或者全部土地承包经营权转包或者出租给第三方,承包方与发包方的承包关系不变。

承包方将土地交由他人代耕不超过一年的,可以不签订书面合同。

第四十条　承包方之间为方便耕种或者各自需要,可以对属于同一集体经济组织的土地的土地承包经营权进行互换。

第四十一条　承包方有稳定的非农职业或者有稳定的收入来源的,经发包方同意,可以将全部或者部分土地承包经营权转让给其他从事农业生产经营的农户,由该农户同发包方确立新的承包关系,原承包方与发包方在该土地上的承包关系即行终止。

第四十二条　承包方之间为发展农业经济,可以自愿联合将土地承包经营权入股,从事农业合作生产。

第四十三条　承包方对其在承包地上投入而提高土地生产能力的,土地承包经营权依法流转时有权获得相应的补偿。

第三章　其他方式的承包

第四十四条　不宜采取家庭承包方式的荒山、荒沟、荒丘、荒滩等农村土地，通过招标、拍卖、公开协商等方式承包的，适用本章规定。

第四十五条　以其他方式承包农村土地的，应当签订承包合同。当事人的权利和义务、承包期限等，由双方协商确定。以招标、拍卖方式承包的，承包费通过公开竞标、竞价确定；以公开协商等方式承包的，承包费由双方议定。

第四十六条　荒山、荒沟、荒丘、荒滩等可以直接通过招标、拍卖、公开协商等方式实行承包经营，也可以将土地承包经营权折股分给本集体经济组织成员后，再实行承包经营或者股份合作经营。承包荒山、荒沟、荒丘、荒滩的，应当遵守有关法律、行政法规的规定，防止水土流失，保护生态环境。

第四十七条　以其他方式承包农村土地，在同等条件下，本集体经济组织成员享有优先承包权。

第四十八条　发包方将农村土地发包给本集体经济组织以外的单位或者个人承包，应当事先经本集体经济组织成员的村民会议三分之二以上成员或者三分之二以上村民代表的同意，并报乡（镇）人民政府批准。

由本集体经济组织以外的单位或者个人承包的，应当对承包方的资信情况和经营能力进行审查后，再签订承包合同。

第四十九条　通过招标、拍卖、公开协商等方式承包农村土地，经依法登记取得土地承包经营权证或者林权证等证书的，其土地承包经营权可以依法采取转让、出租、入股、抵押或者其他方式流转。

第五十条　土地承包经营权通过招标、拍卖、公开协商等方式取得的，该承包人死亡，其应得的承包收益，依照继承法的规定继承；在承包期内，其继承人可以继续承包。

第四章　争议的解决和法律责任

第五十一条　因土地承包经营发生纠纷的，双方当事人可以通过协商解决，也可以请求村民委员会、乡(镇)人民政府等调解解决。

当事人不愿协商、调解或者协商、调解不成的，可以向农村土地承包仲裁机构申请仲裁，也可以直接向人民法院起诉。

第五十二条　当事人对农村土地承包仲裁机构的仲裁裁决不服的，可以在收到裁决书之日起三十日内向人民法院起诉。逾期不起诉的，裁决书即发生法律效力。

第五十三条　任何组织和个人侵害承包方的土地承包经营权的，应当承担民事责任。

第五十四条　发包方有下列行为之一的，应当承担停止侵害、返还原物、恢复原状、排除妨害、消除危险、赔偿损失等民事责任：

(一)干涉承包方依法享有的生产经营自主权；

(二)违反本法规定收回、调整承包地；

（三）强迫或者阻碍承包方进行土地承包经营权流转；

（四）假借少数服从多数强迫承包方放弃或者变更土地承包经营权而进行土地承包经营权流转；

（五）以划分"口粮田"和"责任田"等为由收回承包地搞招标承包；

（六）将承包地收回抵顶欠款；

（七）剥夺、侵害妇女依法享有的土地承包经营权；

（八）其他侵害土地承包经营权的行为。

第五十五条 承包合同中违背承包方意愿或者违反法律、行政法规有关不得收回、调整承包地等强制性规定的约定无效。

第五十六条 当事人一方不履行合同义务或者履行义务不符合约定的，应当依照《中华人民共和国合同法》的规定承担违约责任。

第五十七条 任何组织和个人强迫承包方进行土地承包经营权流转的，该流转无效。

第五十八条 任何组织和个人擅自截留、扣缴土地承包经营权流转收益的，应当退还。

第五十九条 违反土地管理法规，非法征用、占用土地或者贪污、挪用土地征用补偿费用，构成犯罪的，依法追究刑事责任；造成他人损害的，应当承担损害赔偿等责任。

第六十条 承包方违法将承包地用于非农建设的，由县级以上地方人民政府有关行政主管部门依法予以处罚。

承包方给承包地造成永久性损害的，发包方有权制止，并有权要求承包方赔偿由此造成的损失。

第六十一条　国家机关及其工作人员有利用职权干涉农村土地承包，变更、解除承包合同，干涉承包方依法享有的生产经营自主权，或者强迫、阻碍承包方进行土地承包经营权流转等侵害土地承包经营权的行为，给承包方造成损失的，应当承担损害赔偿等责任；情节严重的，由上级机关或者所在单位给予直接责任人员行政处分；构成犯罪的，依法追究刑事责任。

第五章　附　　则

第六十二条　本法实施前已经按照国家有关农村土地承包的规定承包，包括承包期限长于本法规定的，本法实施后继续有效，不得重新承包土地。未向承包方颁发土地承包经营权证或者林权证等证书的，应当补发证书。

第六十三条　本法实施前已经预留机动地的，机动地面积不得超过本集体经济组织耕地总面积的百分之五。不足百分之五的，不得再增加机动地。

本法实施前未留机动地的，本法实施后不得再留机动地。

第六十四条　各省、自治区、直辖市人民代表大会常务委员会可以根据本法，结合本行政区域的实际情况，制定实施办法。

第六十五条　本法自 2003 年 3 月 1 日起施行。

附二
农村土地承包经营权流转管理办法

第一章 总 则

第一条 为规范农村土地承包经营权流转行为，维护流转双方当事人合法权益，促进农业和农村经济发展，根据《农村土地承包法》及有关规定制定本办法。

第二条 农村土地承包经营权流转应当在坚持农户家庭承包经营制度和稳定农村土地承包关系的基础上，遵循平等协商、依法、自愿、有偿的原则。

第三条 农村土地承包经营权流转不得改变承包土地的农业用途，流转期限不得超过承包期的剩余期限，不得损害利害关系人和农村集体经济组织的合法权益。

第四条 农村土地承包经营权流转应当规范有序。依法形成的流转关系应当受到保护。

第五条 县级以上人民政府农业行政主管(或农村经营管理)部门依照同级人民政府规定的职责负责本行政区域内的农村土地承包经营权流转及合同管理的指导。

第二章 流转当事人

第六条 承包方有权依法自主决定承包土地是否流转、流转的对象和方式。任何单位和个人不得强迫或者阻碍承包方依法流转其承包土地。

第七条 农村土地承包经营权流转收益归承包方所有,任何组织和个人不得侵占、截留、扣缴。

第八条 承包方自愿委托发包方或中介组织流转其承包土地的,应当由承包方出具土地流转委托书。委托书应当载明委托的事项、权限和期限等,并有委托人的签名或盖章。没有承包方的书面委托,任何组织和个人无权以任何方式决定流转农户的承包土地。

第九条 农村土地承包经营权流转的受让方可以是承包农户,也可以是其他按有关法律及有关规定允许从事农业生产经营的组织和个人。在同等条件下,本集体经济组织成员享有优先权。受让方应当具有农业经营能力。

第十条 农村土地承包经营权流转方式、期限和具体条件,由流转双方平等协商确定。

第十一条 承包方与受让方达成流转意向后,以转包、出租、互换或者其他方式流转的，承包方应当及时向发包方备案；以转让方式流转的，应当事先向发包方提出转让申请。

第十二条 受让方应当依照有关法律、法规的规定保护土地，禁止改变流转土地的农业用途。

第十三条 受让方将承包方以转包、出租方式流转的土地实行再流转，应当取得原承包方的同意。

第十四条 受让方在流转期间因投入而提高土地生产能力的，土地流转合同到期或者未到期由承包方依法收回承包土地时，受让方有权获得相应的补偿。具体补偿办法可以在土地流转合同中约定或双方通过协商解决。

第三章　流转方式

第十五条 承包方依法取得的农村土地承包经营权可以采取转包、出租、互换、转让或者其他符合有关法律和国家政策规定的方式流转。

第十六条 承包方依法采取转包、出租、入股方式将农村土地承包经营权部分或者全部流转的，承包方与发包方的承包关系不变，双方享有的权利和承担的义务不变。

第十七条 同一集体经济组织的承包方之间自愿将土地承包经营权进行互换，双方对互换土地原享有的承包权利和承担的义务也相应互换，当事人可以要求办理农村土地承包经营权证变更登记手续。

第十八条 承包方采取转让方式流转农村土地承包经营权的，

经发包方同意后，当事人可以要求及时办理农村土地承包经营权证变更、注销或重发手续。

第十九条 承包方之间可以自愿将承包土地入股发展农业合作生产，但股份合作解散时入股土地应当退回原承包农户。

第二十条 通过转让、互换方式取得的土地承包经营权经依法登记获得土地承包经营权证后，可以依法采取转包、出租、互换、转让或者其他符合法律和国家政策规定的方式流转。

第四章 流 转 合 同

第二十一条 承包方流转农村土地承包经营权，应当与受让方在协商一致的基础上签订书面流转合同。

农村土地承包经营权流转合同一式四份，流转双方各执一份，发包方和乡(镇)人民政府农村土地承包管理部门各备案一份。承包方将土地交由他人代耕不超过一年的，可以不签订书面合同。

第二十二条 承包方委托发包方或者中介服务组织流转其承包土地的，流转合同应当由承包方或其书面委托的代理人签订。

第二十三条 农村土地承包经营权流转合同一般包括以下内容：

(一)双方当事人的姓名、住所；

(二)流转土地的名称、坐落、面积、质量等级；

(三)流转的期限和起止日期；

(四)流转方式；

(五)流转土地的用途；

123

（六）双方当事人的权利和义务；

（七）流转价款及支付方式；

（八）流转合同到期后地上附着物及相关设施的处理；

（九）违约责任。

农村土地承包经营权流转合同文本格式由省级人民政府农业行政主管部门确定。

第二十四条 农村土地承包经营权流转当事人可以向乡（镇）人民政府农村土地承包管理部门申请合同鉴证。乡（镇）人民政府农村土地承包管理部门不得强迫土地承包经营权流转当事人接受鉴证。

第五章 流转管理

第二十五条 发包方对承包方提出的转包、出租、互换或者其他方式流转承包土地的要求，应当及时办理备案，并报告乡（镇）人民政府农村土地承包管理部门。

承包方转让承包土地，发包方同意转让的，应当及时向乡（镇）人民政府农村土地承包管理部门报告，并配合办理有关变更手续；发包方不同意转让的，应当于七日内向承包方书面说明理由。

第二十六条 乡（镇）人民政府农村土地承包管理部门应当及时向达成流转意向的承包方提供统一文本格式的流转合同，并指导签订。

第二十七条 乡（镇）人民政府农村土地承包管理部门应当建

立农村土地承包经营权流转情况登记册，及时准确记载农村土地承包经营权流转情况。以转包、出租或者其他方式流转承包土地的，及时办理相关登记；以转让、互换方式流转承包土地的，及时办理有关承包合同和土地承包经营权证变更等手续。

第二十八条 乡(镇)人民政府农村土地承包管理部门应当对农村土地承包经营权流转合同及有关文件、文本、资料等进行归档并妥善保管。

第二十九条 采取互换、转让方式流转土地承包经营权，当事人申请办理土地承包经营权流转登记的，县级人民政府农业行政(或农村经营管理)主管部门应当予以受理，并依照《农村土地承包经营权证管理办法》的规定办理。

第三十条 从事农村土地承包经营权流转服务的中介组织应当向县级以上地方人民政府农业行政(或农村经营管理)主管部门备案并接受其指导，依照法律和有关规定提供流转中介服务。

第三十一条 乡(镇)人民政府农村土地承包管理部门在指导流转合同签订或流转合同鉴证中，发现流转双方有违反法律法规的约定，要及时予以纠正。

第三十二条 县级以上地方人民政府农业行政(或农村经营管理)主管部门应当加强对乡(镇)人民政府农村土地承包管理部门工作的指导。乡(镇)人民政府农村土地承包管理部门应当依法开展农村土地承包经营权流转的指导和管理工作，正确履行职责。

第三十三条 农村土地承包经营权流转发生争议或者纠纷，当事人应当依法协商解决。当事人协商不成的，可以请求村民委员会、乡(镇)人民政府调解。当事人不愿协商或者调解不成的，可以向农村土地承包仲裁机构申请仲裁，也可以直接向人民法院起诉。

第六章 附 则

第三十四条 通过招标、拍卖和公开协商等方式承包荒山、荒沟、荒丘、荒滩等农村土地，经依法登记取得农村土地承包经营权证的，可以采取转让、出租、入股、抵押或者其他方式流转，其流转管理参照本办法执行。

第三十五条 本办法所称转让是指承包方有稳定的非农职业或者有稳定的收入来源，经承包方申请和发包方同意，将部分或全部土地承包经营权让渡给其他从事农业生产经营的农户，由其履行相应土地承包合同的权利和义务。转让后原土地承包关系自行终止，原承包方承包期内的土地承包经营权部分或全部灭失。

转包是指承包方将部分或全部土地承包经营权以一定期限转给同一集体经济组织的其他农户从事农业生产经营。转包后原土地承包关系不变，原承包方继续履行原土地承包合同规定的权利和义务。接包方按转包时约定的条件对转包方负责。承包方将土地交他人代耕不足一年的除外。

互换是指承包方之间为方便耕作或者各自需要，对属于同一集体经济组织的承包地块进行交换，同时交换相应的土地承包经营权。

入股是指实行家庭承包方式的承包方之间为发展农业经济，将土地承包经营权作为股权，自愿联合从事农业合作生产经营；

其他承包方式的承包方将土地承包经营权量化为股权，入股组成股份公司或者合作社等，从事农业生产经营。

出租是指承包方将部分或全部土地承包经营权以一定期限租赁给他人从事农业生产经营。出租后原土地承包关系不变，原承包方继续履行原土地承包合同规定的权利和义务。承租方按出租时约定的条件对承包方负责。

本办法所称受让方包括接包方、承租方等。

第三十六条　本办法自 2005 年 3 月 1 日起正式施行。